W0174787

Pierre Franckh

Wunschgeschichten für die Seele

Pierre Franckh

# Wunschgeschichten
# für die Seele

Wichtiger Hinweis

Die im Buch veröffentlichten Ratschläge wurden von
Verfasser und Verlag sorgfältig erarbeitet und geprüft.
Eine Garantie kann dennoch nicht übernommen werden.
Ebenso ist die Haftung des Verfassers bzw. des Verlages und
seiner Beauftragten für Personen-, Sach- und
Vermögensschäden ausgeschlossen.

© KOHA-Verlag GmbH Burgrain
Alle Rechte vorbehalten
2. Auflage 2008
Lektorat: Birgit-Inga Weber
Umschlag: HildenDesign, München
© Shutterstock
Autorenfoto: Armin Brosch
Gesamtherstellung: Karin Schnellbach
Druck: CPI, Moravia
ISBN 978-3-86728-077-8

# Inhalt

**In jedem von uns schlummert
die wundervolle Kraft,
sein Leben nach seinen eigenen
Wünschen zu gestalten.**

**Auch in dir.**

## Grenzen gibt es beim Wünschen nicht

Normalerweise beginnt man ein Buch nicht mit einer Dankesrede. Und dennoch möchte ich es tun.
Ich danke euch. Ich danke euch von ganzem Herzen!
Ich danke euch, dass ich an all den Wundern, die seit dem Erscheinen des Buches »Erfolgreich wünschen« in eurem Leben eintreffen, auf so lebhafte Weise teilhaben darf. Es ist einfach wundervoll, zu erfahren, wie sich das Leben unzähliger Menschen zum Positiven verändert, wie sich Fehlschläge, Trauer und hoffungslose Situationen in Fülle und Reichtum verwandeln, wie sich Mangel und Einschränkungen aus so manchem Leben verabschieden und Glück und Freude Einzug halten.

Hat man einmal die Kraft der eigenen Wunschenergie zu spüren bekommen und weiß, wie man sie ganz bewusst einsetzen kann, so ändert sich das Leben grundlegend – all die Wunder geschehen nun auch in unserem Leben. Dabei spielt es keine Rolle, wie alt man ist, welches Einkommen man hat oder aus welcher Gesellschaftsschicht man stammt, ob man Taxifahrer oder Kassiererin im Supermarkt, Student oder Professor ist oder ein eigenes Geschäft besitzt, ob man arbeitslos oder völlig überbeschäftigt ist. Es spielt auch keine Rolle, wie groß oder wie klein die Wünsche sind, die sich verwirklichen sollen. Wesentlich ist einzig und allein, wie bewusst und richtig wir sie uns wünschen.

Seit einigen Jahren darf ich also miterleben, wie unzählige Menschen diese Kraft für sich entdecken und erfolgreich einsetzen. Wie sie sich aus finanziellen Verstrickungen lösen, alte Lasten loswerden, neue Freunde gewinnen, einen ersehnten Partner in ihr Leben ziehen, Anerkennung und Wertschätzung erfahren und sogar Ruhm und Reichtum. Und das Wundervollste daran: Was so viele Leser erfahren haben, ist kein bloßer Zufall – das kann jeder von uns! Jeder von uns kann ein erfülltes, erfolgreiches und glückliches Leben führen. Wir müssen es uns nur wünschen.

Also, danke für alle eure mitgeteilten Erlebnisse, an denen ich gerne andere Leser teilhaben lassen möchte, denn:

**Das Wundervolle an den folgenden
Wunschgeschichten ist,
dass sie uns dabei helfen werden,
unsere eigenen Wünsche zu verwirklichen.**

Das Lesen erfolgreicher Wunschgeschichten greift wesentlich tiefer, als wir überhaupt ahnen. Die Hirnforschung hat nämlich etwas Erstaunliches entdeckt: Vollführen wir etwas, das wir beobachten, hören oder lesen, im Geiste mit, dann steht uns dieses »Wissen« später als eigene Erinnerung zur Verfügung. Diese – durch reine Beobachtung gespeicherten – Erinnerungen ermöglichen es uns, später tatsächlich ähnliche Dinge auszuführen, obwohl wir sie gar nicht trainiert, einstudiert oder selbst erfahren haben. Obwohl uns die Erfahrung für die neuen Dinge eigentlich völlig fehlen müsste, wissen wir trotzdem, wie wir uns verhalten können.

Verantwortlich für diese erstaunliche Tatsache ist eine spezielle Gruppe von Neuronen in unserem Gehirn. Man hat für sie den Begriff »Spiegelneuronen« eingeführt: Sie werden – wie man inzwischen herausfand – zum einen dann aktiviert, wenn wir selber ganz bestimmte Handlungen ausführen, zum Beispiel wenn wir auf einem

Seil balancieren oder etwas anderes Ungewohntes tun.

Sie werden aber ebenso aktiviert, wenn wir nur *zusehen, zuhören oder lesen,* wie jemand auf einem Seil balanciert oder etwas anderes Ungewohntes tut. Die Spiegelneuronen verleihen uns also die Fähigkeit, Dinge innerlich nachzuvollziehen, wenn wir gewisse Tätigkeiten bei *anderen* beobachten.

**Unser Gehirn speichert Erinnerungen**
**an bestimmte Erfahrungen,**
**auch wenn wir sie selbst gar nicht erlebt haben.**

Vielleicht erinnerst du dich noch an das Gefühl, als du von anderen Menschen erfahren hast, die es aus dem Nichts heraus zu Reichtum oder Ansehen gebracht haben. Vielleicht hast du dich damals für einige Zeit sehr ermutigt und motiviert gefühlt und geglaubt, dass du das auch schaffen könntest.

Hierfür sind die Spiegelneuronen verantwortlich: Sie speichern auch die Erfahrungen eines anderen Menschen, von dem du hörst oder liest und den du sehr bewunderst, als deine eigenen Erfahrungen. Man hat Folgendes herausgefunden: Je mehr man sich mit jemandem identifiziert und je ähnlicher das gemeinsame Sehnen ist, desto intensiver ist die gespeicherte Erfahrung.

Wir bekommen dadurch plötzlich neue Lösungsmöglichkeiten geboten, die wir vorher nicht zur Verfügung hatten. Vorbilder wie Gandhi, Buddha, Jesus, Martin Luther King, Mutter Theresa, Nelson Mandela oder andere richtungsweisende Persönlichkeiten waren und sind so wichtig für unsere Entwicklung, weil sie unser Bewusstsein inspirieren und uns in eine neue Richtung lenken. Genauso verhält es sich, wenn wir erfolgreiche Wunschgeschichten von anderen Menschen lesen oder hören. Unsere Spiegelneuronen helfen uns dabei, innerlich nachzuahmen, was wir sehen oder hören, bis es auch für uns zur Realität wird. Erfolgsgeschichten heben uns über unsere eigenen Begrenzungen hinaus. Wir wissen, dass wir dasselbe vollbringen können.

**Unsere Spiegelneuronen werden bereits aktiv,
wenn wir uns gedanklich damit befassen,
wie andere scheinbar Unmögliches geschafft haben.**

Vor einiger Zeit habe ich in einer Studie gelesen, dass die Lieblingslektüre von extrem erfolgreichen Menschen Biografien erfolgreicher Menschen sind. Mit dem jetzigen Wissen über die Lernfähigkeit der Spiegelneuronen ist dies nicht länger verwunderlich: Je mehr wir über erfolgreiche Menschen lesen, desto mehr *eigene* Erinnerungen speichern wir in unserem Gehirn. Wir wissen plötzlich: Alles ist möglich! Begrenzungen gibt es nicht. Vermeintliche Hindernisse sind nur Hürden für noch größere Sprünge. Unser Erfahrungsschatz erweitert sich, als hätten wir selbst diese Erfahrung gemacht. Erfolgsgeschichten ermutigen und befähigen uns zu ähnlichen Höhenflügen, die bis zu diesem Zeitpunkt für uns als unmöglich galten.

**Die Spiegelneuronen helfen uns dabei, außergewöhnlich schnelle Fortschritte zu machen.**

Die Spiegelneuronen geben uns die Chance, uns in andere Personen hineinzuversetzen. Sie sind dafür verantwortlich, dass das Getrenntsein von uns und anderen Menschen aufgelöst wird. Wir empfinden Mitleid, Ekel oder Glücksgefühle innerlich mit und können sie dadurch verstehen. Vor allem aber vermitteln uns diese Vorbilder Erfahrungen, als hätten wir sie selbst erlebt.

Was immer du gerne erreichen möchtest: Bring in Erfahrung, wie andere es erreicht haben. Lies es, sieh es dir an, analysiere es, mach dir deren Erfahrung zu eigen. Beschäftige dich mit dem Leben erfolgreicher Menschen. Lies Biografien oder sieh dir Filme an, die solche Lebenswege beschreiben. Befasse dich mit Geschichten von Menschen, die es aus Geldnöten zu finanzieller Freiheit geschafft haben. Beschäftige dich mit sogenannten »Wundern«.

Unser Forum auf meiner Homepage ist voll mit wundervollen, erfolgreichen Wunschgeschichten. Sie wirken auf uns so erhebend, weil wir durch sie den Mut, aber auch ein neues Wissen finden, selbst an Lösungen zu bauen. Wenn wir Gleichgesinnte treffen und uns mit ihnen austauschen, schöpfen wir Mut, über unseren Schatten zu springen. Die Spiegelneuronen helfen uns dabei und lassen die Erfahrungen anderer zu unseren eigenen werden. Was für eine Chance, sein Leben wieder nach vorne zu orientieren!

**Grenzen gibt es beim Wünschen nicht.**

Grenzen gibt es nur in unseren Köpfen.

Wenn ich daran glaube, es zu können,
werde ich mit Sicherheit
die Fähigkeit dazu entwickeln,
selbst wenn ich sie zu Anfang noch nicht hatte.
(Gandhi)

## Die ganz normalen,
## alltäglichen Wunder

Ich kann mich noch gut erinnern, als sich mein
erster Wunsch erfüllte. Ich war einfach nur erstaunt. Ich fand es magisch und faszinierend. Als
der zweite Wunsch eintraf, fühlte ich mich auf
seltsame Weise bestärkt. Beim dritten und vierten empfand ich zum ersten Mal eine ganz eigene
Art von Kraft und sah unendlich viele Möglichkeiten für mein Leben. Kurz darauf stellte sich
ein wundervolles Urvertrauen ein, das mich bis
heute nicht verlassen hat.

Wunder geschehen jeden Tag. Nicht nur im Hi-
malaja bei spirituellen Meistern oder in abgelege-
nen Dörfern auf der anderen Seite der Weltkugel.
Wunder geschehen direkt in unserer Mitte. Wir
müssen sie nur zulassen. Stimmt man sich nämlich auf die Existenz von Wundern ein, kann
man sie nicht nur wahrnehmen, sondern sie sogar selbst entstehen lassen. Wir werden im Folgenden von vielen großen und kleinen Wundern
zu »hören« bekommen, von Berufswünschen,

die sich erfüllt haben, von unverhofftem Geld-
segen, gewonnenen Reisen, zurückgewonnener
Gesundheit und vielen anderen erstaunlichen
Dingen.
Aber …

**In unserer Welt kann sich nur das verwirklichen,
woran wir glauben.**

Damit wir sehen, was auch alles in unserem Leben möglich wäre, beginnen wir mit Wunschgeschichten, die sich viele von uns ebenfalls gerne
erfüllen würden. Ich habe sie aus dem bunten
Reigen der vielen Zuschriften ausgesucht, um
zu zeigen, dass nichts unmöglich ist. Wunder
werden erfüllt, manchmal sogar sofort – gleichgültig, wie groß oder klein, wie unmöglich oder
anmaßend, wie kindlich oder faszinierend, wie
reichhaltig oder grenzenlos sie zu sein scheinen.
Wir müssen nur an die Erfüllung glauben. Denn
es ist immer *unsere Überzeugung,* die unseren
Wünschen Kraft verleiht.

Also, woran glaubst du? Wovon bist du überzeugt?
Und bist du bereit, die ganz normalen Wunder
auch in deinem Leben zuzulassen?

Andere sind es. Und von all jenen handelt dieses Buch. Genau genommen haben sie es für dich geschrieben.

Romana habe ich in einem Flieger kennengelernt. Die Begegnung war eher flüchtig und dennoch können wir uns beide gut daran erinnern. Allerdings wussten wir damals noch nicht, welchen Verlauf unsere Begegnung nehmen würde.

Romanas Geschichte ist so beeindruckend, weil sie uns zeigt, dass es keine Rolle spielt, wo wir uns gerade gedanklich befinden oder welche Überzeugung wir momentan haben. Wir können jederzeit umdenken – gleichgültig, wie stark wir bisher gezweifelt haben mögen. Vielen Dank, Romana, für deine Mail und dass du mich an der Entwicklung teilhaben lässt. Und danke auch, dass ich sie hier abdrucken darf.

### Wie aus einer Zweiflerin eine erfolgreiche Wünscherin wurde

Lieber Pierre Franckh,

zuallererst danke!
Vielleicht können Sie sich noch erinnern: Sie sind vor etwa zwei Monaten mit Air Berlin nach München geflogen. Es war abends und beim Einsteigen haben ein paar Passagiere Sie wohl erkannt. Ich war die Flugbegleiterin auf diesem Flug, die

sich nicht genierte, einfach mal frech nachzufragen, ob Sie denn nicht der Schauspieler sind, den meine Passagiere glaubten erkannt zu haben. Ihre Antwort war: »Nicht mehr, ich bin jetzt Bestseller-Autor.«

(Oje, wie peinlich.)

Ich geb's zu, da musste ich innerlich ein bisschen grinsen.

(Oje, das ist ja doppelt peinlich.)

Kommen wir zum Punkt. Die älteren Passagiere, die es wissen wollten, hatten sich wahnsinnig über meine Antwort gefreut, und ich dachte mir: Wenn ich schon so frech bin, warum nicht weiter? Und so fragte ich nach *dem Buch*.

Sie waren so freundlich, dass Sie sofort anboten, mir eines zuzuschicken. Ich fragte nicht mal nach, wie das Buch heißt. (Man muss hier vielleicht dazusagen, dass ich nicht gerne lese.)

Und tatsächlich, Sie hatten es nicht vergessen. Irgendwann kam es: ein Päckchen. Ich hatte keine Ahnung mehr, was es sein könnte. Es war

»Wünsch es dir einfach – aber richtig«. Ich geb es zu, ich musste lachen und dachte mir erst mal: So ein Schmarrn! Aber irgendwie zog es mich in seinen Bann, sodass ich anfing, es in der S-Bahn auf dem Weg zur Arbeit zu lesen.

Bis zur Hälfte des Buches hab ich mir immer wieder gedacht, dass das alles nicht sein kann. Und ich glaubte nicht daran. Aber nachdem immer mehr Geschichten kamen, wie Menschen sich durch Wünschen ihre Träume erfüllten, fing ich an zu glauben. Aber immer noch nicht richtig.

Und plötzlich kam die Geschichte, die mich überzeugte: Es war die Geschichte von dem Mädchen, das sich zu Weihnachten unbedingt ein Pony wünschte. Und mit großem Hin und Her bekam es das Pony dann natürlich auch.

Herr Franckh, stellen Sie sich vor, ich habe geweint. Die Geschichte hat mich so berührt, dass ich in der S-Bahn saß und zu weinen anfing.

Das Buch hab ich dann bis zum Ende durchgelesen. Und ganz plötzlich – beim letzten Satz – wurde ich sehr glücklich. Ich hätte in die Luft springen können vor Freude. Keine Ahnung, warum die Gefühle so stark waren. Aber ich hatte nun das sichere Gefühl, dass mein Freund und ich endlich unser Haus finden würden.

Kurz zur Erklärung: Wir waren seit vielen Monaten auf der Suche nach einem passenden Häuschen für uns. Wir wollten sogar selber bauen, aber alles scheiterte. Und alles schien aussichtslos.

Und an diesem Tag, als ich Ihr Buch zu Ende las, wusste ich, dass wir schon sehr bald ein Haus finden würden. Ich war so fröhlich, dass meine Stimmung sogar auf meinen Freund abfärbte. (Er glaubte trotzdem nicht an das Wünschen, aber er glaubte an mich ...)

Stellen Sie sich vor: An diesem Abend saß ich wie jeden Abend in den letzten Monaten vor dem Computer und suchte im Internet nach Immobilien. Und da war es! Eine süße kleine Doppelhaushälfte, zu einem Superpreis – und so, wie wir uns unser Haus vorstellten.

Am nächsten Tag bekamen wir sogar sofort einen Besichtigungstermin. Dann stand es fest: Dies war das Haus, das wir suchten. (Das Haus stand übrigens schon seit zwei Jahren leer!)

Na ja, viel mehr muss ich Ihnen ja nicht erzählen. In einem Monat ziehen wir ein.

Vielen Dank, dass Sie mir die Möglichkeit gezeigt haben, wie man durch Glauben und Wünschen alles, was man will, erreichen kann.

Romana

Manche Wunder sind unerklärlich und dennoch finden sie statt. Nicht weiter erstaunlich, sagt die Wissenschaft. Auch wenn wir sie nicht erklären können, geschehen diese Dinge trotzdem.

Das einzige Wunder in der folgenden Geschichte ist vielleicht, dass Simone in dieser brenzligen Situation nicht in Panik geriet, sondern unbeirrt an die Kraft ihrer Gedanken glaubte. Solche fantastischen Geschichten ereignen sich übrigens öfter, als wir ahnen, und viele davon sind inzwischen auch wissenschaftlich festgehalten. Um zu verstehen, wie unsere ausgesandte Energie es schafft, Ergebnisse dieser Art zu bewirken, hat man inzwischen sogar eigene Wissenschaftszweige gegründet.

Weitere erstaunliche Wunschgeschichten finden wir noch in späteren Kapiteln. Stellvertretend hier erst einmal das beeindruckende Erlebnis von Simone. Ja gewiss, solche »Dinge« gibt es wirklich. Wir müssen nur daran glauben und entsprechend handeln.

## *Wie Simone dem Wind befahl abzudrehen*

Lieber Pierre,

vor vier Jahren habe ich etwas ziemlich Unvorstellbares geleistet. Wenn ich heute daran denke, kriege ich immer noch Gänsehaut.
Ich war mit meinem damaligen Lover auf Rügen im Urlaub. Wir bewohnten ein Holzhaus in einem Waldstück, zu dem nur ein ganz schmaler Weg führte. Es war ein heißer Sommer und die Vegetation dementsprechend trocken.

Eines Nachmittags schaute ich aus dem Fenster zum Nachbargrundstück und sagte zu meinem Freund: »Mein Gott, das qualmt ja bei den Nachbarn! Was grillen die denn – Plastikstühle?!«
Er stutzte, ging hinaus, kam wieder und rief: »Die grillen nicht, es brennt!«
Wie sich später herausstellte, war eine betrunkene Frau im Garten eingeschlafen. Dabei fiel ihr die brennende Zigarette aus der Hand – direkt vor den Holzschuppen mit dem Heu für die Pferde.

Wir alarmierten also schleunigst die Feuerwehr, die allerdings nicht über den Waldweg kommen konnte (zu schmal), sondern von ganz weit unten über die Leiter. Derweil brannte der Schuppen wie die Hölle, und der sehr starke Wind trieb das Feuer direkt auf unser Ferienhaus zu. Zwischen Schuppen und Haus stand mein Auto.

Irgendwann wusste ich, dass jetzt etwas passieren musste – sonst wäre es das gewesen. Ich hörte mich zu meinem Freund sagen: »Ich muss jetzt den Wind umlenken, sonst haben wir verloren.«

Er schaute mich entgeistert und irgendwie mitleidig an.

Zum Nachdenken war keine Zeit. Ich schloss also meine Augen und »befahl« dem Wind, sich zu drehen. Du ahnst es schon: Es funktionierte! Gerade noch rechtzeitig, bevor mein Auto und das Haus Schaden nahmen. Wir mussten dann »nur noch« die halbe Nacht auf eventuellen Funkenflug achten, ansonsten waren wir gerettet.

Die Eigentümer des Hauses, Bekannte von mir, waren ausgesprochen dankbar. Wir hatten dort ganz spontan und kostenlos wohnen dürfen. Ja, Großzügigkeit zahlt sich aus. Da sonst weit und breit kein Haus steht, hätte niemand das Feuer bemerkt ...

Simone

Beim Wünschen spielt es keine Rolle, ob man 4 oder 70 Jahre alt oder Teenager ist. In diesem Buch werden wir von jedem Alter erstaunliche Wunschgeschichten hören.

Diese hier ist von einem gerade mal 9-jährigen Jungen, der aber in seinem Glauben bereits so unerschütterlich ist, dass sich sein Wunsch einfach erfüllen musste.

Hier also ein weiteres kleines Wunder, das nach dem Gesetz der Anziehung nur so passieren konnte.

## *Wie sich ein Junge ein Haflingerpferd wünschte*

Lieber Pierre,

vor einigen Jahren ist Folgendes passiert: Mein Mann war mit den Kindern bei einer Haflinger-Veranstaltung mit verschiedenen Vorführungen; das Event hat mehrere Tage gedauert. Unter anderem gab es eine Verlosung, bei der der erste Preis ein Haflinger-Fohlen war. Mein Sohn hat sich sofort in das Fohlen verliebt. Es war auch überaus süß; es war zusammen mit seiner Mutter ausgestellt und sofort der Liebling der Kinder.

Mein Sohn beschloss, dass er das Fohlen gewinnen wolle. Er bekniete meinen Mann so lange, bis der ihm zehn Lose kaufte. Das war am Samstag; die Verlosung sollte erst am Sonntagnachmittag stattfinden.

Als meine Familie nach Hause kam, gab es nur ein Gesprächsthema: das Fohlen. Mein Sohn beschrieb es mir in allen Einzelheiten und dass wir am nächsten Tag unbedingt hinfahren müssten, da er ja das Fohlen gewinnen wollte.
Nun ja, wir hätten keine ruhige Minute mehr gehabt, wenn wir ihm nicht versprochen hätten, hinzufahren.
Ich machte mir richtig Sorgen um ihn und überlegte schon, wie ich ihn am nächsten Tag trösten konnte. Es wurden 5000 Lose verkauft – wie sollte er da den ersten Preis gewinnen? Das war völlig utopisch.

Am nächsten Tag fuhren wir also alle gemeinsam zur Veranstaltung und mein Sohn wetterte die ganze Fahrt über, dass wir keinen Pferdeanhänger mitgenommen hatten. Wie sollte er denn nun das Fohlen nach Hause bringen? Er steigerte sich richtig in die Sache hinein; ich hatte ihn so noch nie erlebt.

Bei der Verlosung gab es einige Bierkrüge, Käppis, Essensgutscheine und als ersten Preis das Fohlen. Es war irre heiß und die Verlosung zog sich sehr lange hin, da ein Kind die Losnummern zog und es ewig dauerte, bis der jeweilige Gewinner seinen Preis abgeholt hatte. Wir waren schon drauf und dran, die Veranstaltung zu verlassen, denn unsere Kleine quengelte die ganze Zeit, weil es zu heiß war. Mein Mann sagte: »Wir fahren jetzt, es reicht!« Mein Sohn weinte, während wir langsam Richtung Auto gingen.

Und dann kam es: Die Nummer für das Fohlen wurde gezogen und über Lautsprecher verkündigt. Mein Sohn rannte los zur Bühne, um *sein* Fohlen in Empfang zu nehmen. Dabei wusste er gar nicht, was für eine Zahl gezogen worden war. Er hatte nur Angst, dass jemand anders sein Fohlen mitnehmen könnte. Wir eilten völlig entgeistert hinterher und kramten dann unsere Losnummern wieder aus der Tasche. Mein Sohn sah uns mit großen Augen an und fragte: »Ist es jetzt meins? Gehört es jetzt endlich mir?«

Ja, er hatte wirklich die richtige Nummer und gewann das Fohlen! Wir waren völlig geschockt und konnten keinen klaren Gedanken fassen. Das gab es doch gar nicht!

Inzwischen weiß ich, dass das kein Zufall war. Das war echt gewünscht und hat sich erfüllt. Aber erst heute ist mir das wirklich klar geworden, sodass ich es meiner Familie erklärt habe. Ja, genau! Du hast recht, es funktioniert wirklich! Meine Kinder sind jetzt auch ganz fest davon überzeugt.

Falls einer von euch Lesern noch zu den Zweiflern gehört: Vielleicht habt ihr Ähnliches doch schon einmal erlebt und es nur vergessen. Mir ist es auch erst Jahre später aufgegangen, was hier eigentlich passiert ist.

Melanie

Ob wir bestellen, wünschen oder zweifeln: Alles funktioniert ausschließlich durch das Gesetz der Anziehungskräfte. Und da Energie generell keinen eigenen Willen oder moralische Bedenken hat, handelt sie immer nur nach unserer Vorstellungskraft.

Die Energie kann auch nicht erkennen, ob die Erfüllung des Wunsches für uns von großer Bedeutung ist oder ob es sich eher um etwas »Kleines« handelt. Die ausgesandte Energie kennt diesen Unterschied nicht, sie sucht einfach nach einer gleichschwingenden Energie.

Wenn wir uns also nur an die kleinen Wünsche herantrauen, ist dies einzig und allein unsere Entscheidung; der Energie ist das gleichgültig. Wir selbst sind es, die dem Wunsch die Bedeutung beimessen, ob er groß oder klein ist.

Wenn wir für alles offen sind, kann auch alles geschehen.

## Sechs Richtige im Lotto

Lieber Herr Franckh,

Ihre Bücher haben eine sensationelle Wirkung auf mich und meine Umgebung. Ich merke, dass ich selbst viel gelassener und glücklicher bin und allmählich Kontrolle über meine Gedanken bekomme. Vor allem ist meine Glückssträhne mittlerweile unübersehbar.

Seitdem ich die Bücher gelesen habe, komme ich immer pünktlich zur Arbeit, habe fast immer meinen Lieblingsparkplatz, wünsche mir Halsschmerzen weg oder schönes Wetter, wenn wir es benötigen.
Aber der beste Wunsch bis jetzt ist: Ich habe mir 6 richtige Zahlen im Lotto gewünscht.
Und bei der Ziehung letzte Woche hatten mein Freund und ich einen Fünfer mit Zusatzzahl! (Ich habe mir schließlich keinen Lottosechser gewünscht ...) Da wir ein Haus bauen möchten, können wir das Geld sehr gut gebrauchen.

Ich danke Ihnen herzlich für diese Bücher – sie sind eine Bereicherung für jedermann.

Nina

Jemanden aus den Augen verloren? Sehnsucht nach einem Menschen, den man ein halbes Leben lang nicht mehr gesehen hat? Aber nun hat man keine Ahnung, in welcher Stadt er weilt oder ob er überhaupt noch am Leben ist. Man weiß nur eins: Man möchte so gerne wieder in Kontakt mit ihm kommen.

Kein Problem. Wünsch es dir einfach. Deine ausgesandte Energie arbeitet wie eine fantastische Suchmaschine und bietet Lösungen, auf die man selber nie im Leben gekommen wäre. Die Art und Weise, wie geliefert wird, kann man sich nämlich nicht ausdenken. Also sollte man einfach bereit sein, dass der Wunsch erfüllt wird, egal wie.

Die Lösung von Ramonas Wunsch war für sie jedenfalls eine große Überraschung.

## *Wie Ramona nach 36 Jahren wieder ihren Patenonkel treffen wollte*

Lieber Pierre,

ich hatte etwa 36 Jahre lang nichts mehr von meinem Patenonkel gehört. Das ist eine verflixt lange Zeit. Jetzt überlegte ich tatsächlich, ihn vielleicht einmal anzurufen. Aber wie?

Nun, wünsch es dir einfach.

Es gingen rund drei Wochen ins Land. Mittlerweile hatte ich das Ganze auch schon fast verworfen.

An einem Nachmittag kam mir die Idee, zu meiner Lieblingsbücherei in eine nicht sehr weit von meinem Wohnort liegende Stadt zu fahren. Jetzt vermuten Sie sicher, dass mir besagter Patenonkel dort über den Weg lief. Weit gefehlt!

Ich ging also in diese Bücherei. Es gibt dort drei Etagen mit Büchern. Vor einem Buch blieb ich stehen, weil mich der Titel reizte, und nahm es zur Ausleihe mit. Zu Hause fiel mir ein Zettel aus diesem Buch entgegen: eine Excel-Tabelle mit Namen. Darüber stand »Klasse 2b der Grundschule XY«, daneben der Name der Lehrerin, mit Telefonnummer.

Mein Herz schlug schneller: Sie hatte den gleichen Nachnamen wie mein Patenonkel! Konnte das denn sein? Ich wohnte in Stadt A, das Buch lieh ich in Stadt B aus, die Telefonnummer war aus einer Stadt C. Wieder überlegte ich.

Nach zwei Tagen wählte ich die erwähnte Telefonnummer. Brav nannte ich der Dame am anderen Ende meinen Namen und fragte, ob sie mit diesem Mann irgendwie verwandt sei.

Ich bekam erst einmal die entrüstete Antwort,

wie ich überhaupt zu ihrer Telefonnummer käme, denn es sei eine Geheimnummer. Auch das noch!

Ich erklärte ihr die Situation. Das Komische an der Sache: Sie selbst hat noch nie diese Bücherei der Stadt B von innen gesehen, aber sie arbeitet tatsächlich an dieser Grundschule. Als Erklärung kam für sie nur ihre Kollegin infrage, die ab und zu die Bücherei besucht. Dann stellte ich nochmals meine Frage, ob sie mit diesem Mann verwandt sei, und ihre Antwort war: »Ja, er ist mein Vater.«

Bücher auf drei Etagen verteilt – ich kann gar nicht sagen, wie viele Bände. Ein Buch greife ich heraus und dann so etwas. Das Buch war laut Stempel seit zwei Jahren nicht mehr ausgeliehen worden.

Ramona

Kein Geld für eine Reise – auch wenn sie wichtig ist? Darauf verzichten? Oder einfach seine eigene Wunschenergie einsetzen? Ingrid entschied sich für Letzteres.

## Die Reise nach New York

Lieber Pierre,

mein Neffe, ein sehr lieber Mensch, hatte gerade sein Studium beendet und stand kurz vor seiner Hochzeit, als er an einem Tumor erkrankte. Der Tumor befand sich nahe der großen Blutgefäße am Herzen und war daher damals nicht operativ zu entfernen. Nun hörte ich von seinem Vater (meinem Bruder), mein Neffe sei in der Klinik – wohlgemerkt in New York, wo die Familie schon seit vielen Jahren lebte. Er sollte eine Knochenmarktransplantation bekommen.
Ich war sehr erschrocken über die Nachricht und fühlte: Ich muss bei ihm sein; ich kenne mich in diesem Bereich aus; ich muss ihm die Hand halten, ihn trösten und ihm alles erklären.
Doch wie sollte ich dorthin kommen, ohne meinen Mann zu belasten und meine Kinder, die drei und sieben Jahre alt waren, sich selbst zu über-

lassen? Wie konnte ich das regeln? Ich war es gewohnt, alles mit mir selbst auszumachen, und sprach mit niemandem über meine Idee und meinen Wunsch.

In diesem betreffenden Jahr hatten wir nun zweimal die städtischen Herbstbälle gebucht. Da wir gerne tanzen, wollten wir den sogenannten Chrysanthemen- und den Ärzteball besuchen. Riesig freute ich mich darauf. Nun, was geschah?
Beim ersten Ball gewann eine Besucherin eine Reise nach New York. Ich saß da und fühlte voller Freude: Das war die Lösung – eine Reise nach New York gewinnen! Innige Gefühle der Freude konnte ich inmitten der fröhlichen Tanzgesellschaft spüren, die mit an unserem Tisch saß. Ich liebte diese Stimmung.

Ich begann zu wünschen.

Drei Wochen später der nächste Ball. Großartig fühlte ich mich – ein reines Glücksgefühl. Mit vielen befreundeten Ehepaaren nahmen wir daran teil. Meine Hochstimmung wuchs mit jedem Tanz. Nach jedem Tanz bekam ich von dem jeweiligen Tanzpartner eine Rose geschenkt, an der eine Losnummer hing. Während ich bis dahin noch niemals irgendetwas in meinem Leben gewonnen hatte, gewann ich an diesem Abend einen Tischgrill, den ich mir seit Langem gewünscht hatte, den aber meine Familie, vielmehr mein Mann, unnütz fand. Weiterhin gewann ich ein Blutdruckmessgerät für die Praxis meines Mannes und einen modernen Teewagen für unsere Terrasse. Vor mir türmten sich die Gewinne. Überglücklich und euphorisch erlebte ich dieses grandiose Fest.

Später tanzte ich mit einem weiteren Kollegen von meinem Mann; auch er schenkte mir eine Rose mit Los. Und mein Mann wartete am Rand der Tanzfläche: Aufgeregt überreichte auch er mir seine Rose mit Los. Mir wurde schwindelig: Die Losnummer war die Eins. Ich dachte nur noch: Es ist entweder der allerletzte Preis oder eben der erste und größte.

Es war die Eins – es war die Eins! Es war ... die Reise nach New York!
Ein riesiges Glücksgefühl überkam mich – und eine große Dankbarkeit. Was für ein Wunder.
Eine gute Freundin meinte dazu nur wissend: »Du hast aber einen sehr guten Draht nach oben.«

Ingrid

Grenzen gibt es beim Wünschen nicht. Grenzen setzen wir uns nur selbst. Alles geschieht nach unseren Überzeugungen. Das ist die stärkste Energie, die wir aussenden.

Wünschen wir uns eine Wohnung oder ein Haus, sollten wir also ruhig in die Vollen greifen – auch wenn andere der Meinung sind, dass unser Wunsch nicht erfüllbar sei und dass es so eine Immobilie für so wenig Geld gar nicht gebe. Wenn wir wünschen, müssen wir uns über solche vermeintlichen Hindernisse keine Sorgen machen.

Wesentlich ist, dass wir davon überzeugt sind, uns steht das Ersehnte zu, und dass wir nicht eine Sekunde an der Erfüllung unseres Wunsches zweifeln. Dann geht es dir vielleicht so wie Anja.


## *Der Wunsch nach dem perfekten Haus*

Lieber Pierre,

als ich nach der Trennung von meinem Freund aus der gemeinsamen Wohnung auszog, ging ich zusammen mit meinem Hund erst einmal zurück ins Elternhaus, in die kleine Dachwohnung. Leider besitzt sie keine eigene Küche; also teilte ich eine Küche mit den Großeltern, die den unteren Teil des Hauses bewohnen. Das alles war natürlich kein optimaler Zustand, und ich begann sofort, nach einer neuen Wohnung zu suchen. Leider sehr erfolglos. Entweder war die Miete für mich unerschwinglich oder die Wohnung nicht gemütlich oder die Vermieter wollten keinen Hund in der Wohnung, zumal mein Hund zugegebenermaßen auch nicht gerade der Kleinste ist. Jedenfalls suchte ich ein Dreivierteljahr intensiv, aber vergeblich.

Irgendwann fing ich an, mit der Situation zu hadern, und in einem Gespräch sagte meine Mutter, die gerade Dein Buch »Erfolgreich wünschen« gelesen und positive Erfahrungen gesammelt hatte: »Wünsch es dir einfach. Dann wirst du genau das bekommen, was du möchtest.«
Also gut, dachte ich. Wenn du meinst ... Dann wünsche ich mir keine Wohnung. Nein, ich hätte gern ein kleines, altes Haus. Und ich begann, mir den Idealfall auszumalen und nach den Sternen zu greifen. Ein Haus also. Klein, für mich allein, und alt, aber mit Liebe renoviert und gemütlich. Mit Parkettboden im Wohnzimmer und mit kleinem Garten oder Terrasse. Zu einem günstigen

Preis. Dann natürlich nette Nachbarn und freundliche Vermieter, die im besten Fall selbst Hundehalter sind, und das alles noch ruhig und mit schöner Aussicht.

Und dann, nachdem ich mir das gewünscht hatte und mich auch schon darin wohnen sah, hörte ich mit der Wohnungssuche komplett auf. Ich las keine Anzeigen mehr, gab auch selbst keine mehr auf und hörte mich nicht mehr um. Ich dachte, wenn meine Mutter recht hat, dann wird schon was passieren.

Und es passierte tatsächlich etwas.

Ich war bei einem guten Freund eingeladen, keine 14 Tage nach meinem recht detaillierten Wunsch. Er zeigte mir eine Zeitungsannonce und erklärte mir, er habe dort schon angerufen und ich könnte nachmittags zu einem Besichtigungstermin vorbeikommen.

Ich wollte protestieren, da mir der Preis viel zu niedrig erschien, als dass es tatsächlich in gutem Zustand sein könnte, aber es war zwecklos. Wir fuhren also gemeinsam hin. Und was soll ich sagen? Es war genau so, wie ich es mir gewünscht hatte! Ein altes, sehr kleines Haus mit einer Gesamtwohnfläche von 52 Quadratmetern, auf zwei Stockwerke verteilt. Die große Dachterrasse bietet einen wunderschönen Blick über die Schwäbische Alb; die Vermieter sind tatsächlich Hundebesitzer; das Wohnzimmer hat Parkett, und alles ist sehr gemütlich und wunderschön renoviert.

Natürlich gab es noch mehr Interessenten, und nach der Besichtigung wartete ich den ganzen Abend auf eine Rückmeldung der Vermieter, die sich zwischen insgesamt 20 Bewerbern entscheiden wollten. Und ich bekam es! Mein Wunschhaus! Seitdem bin ich der glücklichste Mensch. Später stellte sich heraus, dass das Haus nur deswegen so günstig angeboten wurde, weil das Geld keine Rolle spielen sollte. Es war den Vermietern wichtiger, jemanden in ihrem Haus zu wissen, der es mag und sich daran freut. Und es passte alles. Sie sind beide im sozialen Bereich tätig, wie ich auch, was natürlich für mich sprach. Und dieses eine Mal war sogar mein Hund ein positives Kriterium, da meine Vermieterin der Ansicht ist: Wer Hunde mag, kann kein schlechter Mensch sein. Und ganz nebenbei: Ich habe nicht nur tolle Vermieter, sondern auch wunderbare Nachbarn.

Anja

Wenn es keine Grenzen gibt, kann man sich dann auch wieder gesund wünschen?

Glaubt man den neuesten wissenschaftlichen Erkenntnissen, scheint diese Frage durchaus mit »Ja« zu beantworten zu sein. Allerdings muss man hier etwas vorsichtig herangehen. Es wäre wohl fatal, falsche Hoffnungen zu wecken.

Trotzdem zeigen die neuesten Erkenntnisse der Quantenphysik, der Quantenbiologie und der Epigenetik (dieser Forschungszweig untersucht, auf welche Weise wir mit unserer Gedankenkraft sogar den genetischen Code ändern können) immer deutlicher, dass es stets die Kraft der menschlichen Überzeugungen ist, die uns zu dem werden lässt, woran wir glauben: von der Gesundheit bis zur Krankheit, von der Immunabwehr bis zu unserem Hormonhaushalt, von unseren Selbstheilungskräften bis zu unserer Glücksfähigkeit.

Es gibt keine Grenzen. Die wahren Grenzen existieren in unserem Kopf. Und das Wunderbare daran ist, dass wir hierbei nicht länger allein auf unseren Glauben oder auf reine Mutmaßung angewiesen sind, denn diese Aussage wird nun auch von der Wissenschaft begleitet, die uns genau in dieser Auffassung bestärkt und bestätigt. Kein Wunder, dass ich unzählig viele erfolgreiche Wunschgeschichten zu diesem Thema zugeschickt bekommen habe.

In meinem Buch »Gesetz der Resonanz« gehe ich ausführlicher darauf ein. Natürlich werden wir auch das eine oder andere erfolgreiche Beispiel hier in diesem Buch wiederfinden. Zunächst einmal soll Monika zu Wort kommen.

### *Wie sich eine junge Mutter durch Wünschen selbst heilte*

Lieber Pierre,

vor über drei Jahren bekam ich wenige Tage nach der Geburt unseres zweiten Kindes heftige Blutungen. Am selben Tag noch wurde eine Notoperation durchgeführt, da anscheinend Plazentareste in der Gebärmutter verblieben waren. Der Eingriff war – weil so kurz nach der Geburt – sehr riskant. Ich hatte große Angst, und als ich glaubte, alles überstanden zu haben, wurde mir vom Arzt auch noch mitgeteilt, dass es ihm leider nicht möglich war, »alles« zu entfernen, und dass noch ein Rest des »Plazentagewächses« verblieben war.

Von da an musste ich jede Woche zur Kontrolle ins Krankenhaus, wo untersucht wurde, ob es sich vergrößert hatte und eventuell wieder Blutungen auftreten. Jedes Mal wurde mir gesagt, dass sich dieser Rest leider nicht von alleine zurückbilde, da er einfach zu groß sei. Es war eine neuerliche Ausschabung geplant; allerdings wollte man, wenn möglich, noch einige Wochen warten, bis sich die Gebärmutter so weit zurückgebildet hatte, dass eine normale Courettage möglich war.

Genau davor hatte ich aber riesige Angst; ich wollte keine weitere Operation. Nach einer dieser Kontrolluntersuchungen sagte man mir, dass ich nächste Woche noch einmal kommen solle, danach müsse mit ziemlicher Sicherheit operiert werden.
Also hatte ich noch genau eine Woche Zeit.
Noch am selben Tag legte ich mir einen Affirmationssatz zurecht – kurz und bündig, aber ich hab ihn mir ständig in Gedanken vorgesagt; wie eine kaputte Schallplatte habe ich ihn mir immer und immer vorgesagt, bis er schon von selbst im Hintergrund lief, egal was ich gerade sagte oder tat.

Dann kam der Tag, an dem sich alles entscheiden würde. Obwohl ich von meinem Verstand her Zweifel hatte und mich irgendwie auf das Schlimmste (eben die Operation) vorbereitete, ging ich doch mit einer seltsamen inneren Ruhe zu dieser Untersuchung.

Beim Ultraschall sagte der Arzt kein Wort; er »manövrierte« ewig herum und nach einiger Zeit holte er einen weiteren Arzt dazu. Mein Herz schlug mir bis zum Hals, weil ich schon mit etwas Schlimmem rechnete.
Da sagte mein Arzt endlich, er könne es nicht verstehen und darum habe er auch immer und immer wieder nachgesehen; seiner Meinung nach wäre es eigentlich nicht möglich: Er könne einfach *nichts* mehr finden. Es war alles in Ordnung: kein Gewächs mehr und somit auch nichts mehr zu operieren.
Tanzend vor Freude verließ ich das Krankenhaus und bin bis heute unendlich dankbar!

Die »Wünsche« haben mein Leben doch in gewisser Weise verändert. Ich weiß jetzt, dass nichts unmöglich ist, wenn man nur selbst daran glaubt. Egal was einem von außen widerfährt: Man selbst hat sein Leben in der Hand!

Monika

Bisher erfolglos gewesen? War alles eher kompliziert in deinem Leben? Gab es mehr Absagen als Zusagen?

Die Quelle all dessen ist in deinem Denken zu finden. Jeder Gedanke ist reinste Energie, und die Energie setzt alles daran, sich zu manifestieren, das heißt, diesen Gedanken in die Tat umzusetzen. Sie sucht sich auf ihrem Weg eine gleichschwingende Energie, also eine, die mit unseren Gedanken in Resonanz ist.

Durch die Kraft der Gedanken ziehen wir somit all das, was wir über uns denken, in unser Leben. Im Außen manifestiert sich daher stets, was wir in unserer Innenwelt entstehen lassen.

Kerstin und ihr Mann zum Beispiel waren lange erfolglos gewesen. Dann begannen sie, die Kraft ihrer Gedanken zu nutzen.

### *Wie sich Kerstin und ihr Mann beruflichen Erfolg wünschten*

Lieber Pierre,

noch einmal möchte ich mich für das tolle Seminar im Dezember in München bedanken. Seit diesem Zeitpunkt hat sich unser Leben total verändert. Hier unser absolutes Highlight:

An Silvesterabend – in der Turbowunschzeit! – wünschten mein Mann und ich gemeinsam Erfolg für unseren Betrieb, finanziellen Gewinn und vor allem, dass sich endlich für das Patent meines Mannes (einen Reiniger für Speckstein und anderen offenporigen Naturstein) eine Vermarktung findet. Und was geschah?

Mitte Januar meldete sich der MDR bei uns, um eine Aufzeichnung über die Patententwicklung in der Sendung »Einfach genial« zu machen. Diese erfolgte am 28. Februar.
Aber das ist nicht alles! Darüber hinaus meldeten sich auf einmal mehrere Firmen, die Kaminöfen vertreiben, um dieses Produkt zu vermarkten. Wir sind also absolut glücklich und dankbar für diese tolle Wunscherfüllung, auch wenn dies bedeutet, dass wir kaum noch Freizeit haben. Aber es macht riesigen Spaß, für den Erfolg zu arbeiten.

Kerstin

Wenn wir wünschen, sollten wir uns auch keine Gedanken mehr um die Lösung machen. Sie kommt meist sowieso komplett anders, als wir denken. Das Universum ist wesentlich einfallsreicher, als wir es uns jemals ausdenken könnten.

Hier ist so ein Beispiel für eine äußerst überraschende »Lieferung«.

## *Wie sich eine Frau ein unbezahlbares Bild wünschte*

Lieber Pierre,

im Rathaus bei uns im Ort werden regelmäßig Ausstellungen veranstaltet. Alle möglichen Künstler können sich dafür bewerben. Es kostet den Künstler auch nur einen kleinen Betrag, sodass es sehr beliebt ist.

Vor zwei Wochen war es so weit: Wieder hingen viele schöne Bilder in der Rathausgalerie. Eine Freundin von mir, die im Rathaus arbeitet, hatte sich sofort in ein Bild »verliebt«. Aber es kostete 800 Euro, die sie absolut nicht hatte. Sie wollte ja auch noch in Urlaub fahren.

Zwei Wochen lang schlich sie jeden Tag um dieses Bild herum. Ich sagte: »Wünsch dir das Bild doch einfach!«
Sie überlegte, ob sie den Urlaub kürzen sollte. Doch dann begann sie zu wünschen.

Letzte Woche war die Ausstellung nun vorbei, der Künstler holte seine Bilder ab, und meine Freundin schniefte einmal kurz durch.
Am Montag, als sie in ihr Büro kam, traute sie ihren Augen kaum: Was hing über ihrem Schreibtisch? Genau! Das Bild, das sie so gerne haben wollte. Aber wie konnte das geschehen?
Nun, der Künstler war knapp bei Kasse und hatte statt des Beitrags für die Ausstellung ein Bild – genau dieses Bild – ausgesucht und als Bezahlung dagelassen. Und da im Büro meiner Freundin noch nichts an der Wand hing, wurde es kurz entschlossen dort aufgehängt. Sie hatte sich das Bild so gewünscht. Nun, jetzt hat sie es jeden Tag.

Also, Wünschen funktioniert perfekt. Aber die Erfüllung kommt manchmal anders, als man denkt.

Guido

Eigentlich gehört die folgende Wunscherfüllung eher in ein Kapitel wie »Finde deine wahren Wünsche heraus«, aber der Ausgang dieses Wunsches wirkt wohl sehr erlösend für so manchen Mann. Vor allem für jene, die es sich in letzter Zeit ein bisschen gut gehen ließen und nun einen »kleinen« Ansatz von Bauch zeigen. Ihr wisst schon, was ich meine. Also viel Spaß, liebe Männer. Solange solche Wünsche auf diese Weise erfüllt werden, können wir uns ganz entspannt zurücklehnen.

Nichts für ungut, liebe Diana. Aber so was hören wir Männer einfach zu gern. Und damit erfüllen sich wahrscheinlich zugleich einige heimliche Männerwünsche.

## *Der Wunsch von Diana nach einem Helden mit einem Traumbody*

Lieber Pierre,

ich lebte mit meiner Freundin in einer hübschen kleinen Wohnung. Wir waren jung, beschäftigten uns mit dem Universum, mit Magie, mit der Kraft der Wünsche und natürlich auch mit jungen Männern und der Liebe!

Ich glaubte an den großen, schönen und strahlenden Helden auf weißem Pferd und in schimmernder Rüstung. Also hielt ich überall nach einer Art Zwillingsbruder meines Helden Ausschau, der so denkt wie ich.

Nachdem ich hintereinander ein paar wirklich freundliche junge Männer kennengelernt hatte, die sich auch für mich interessierten, die aber nicht im Geringsten meiner Vorstellung eines Helden entsprachen, klagte ich meiner Freundin ein wenig frustriert mein Leid: »Ich möchte mal einen richtig schönen Mann erobern, mit Muskeln ..., eben *einen Helden!*«

Und tatsächlich, es gab einen an meinem damaligen Arbeitsplatz. Ein Zehnkämpfer, groß, blond, blauäugig und vollkommen gebaut! Es gelang mir, mich mit ihm zu verabreden. Es gelang mir auch, ihn über Nacht zu mir nach Hause zu locken ...

Meine Freundin begegnete ihm morgens, als er unter der Dusche stand. »Ach so«, stellte sie nur verschlafen fest, schloss die Badezimmertür gleich wieder und murmelte dabei noch eine Entschuldigung. Sie besann sich, klopfte und fragte nach: »Willst du Kaffee?«

Dem Herrn sei es getrommelt, er wollte *nicht* und ging gleich nach dem Duschen.

Ich schleppte mich in die Küche und nahm dankbar den Kaffee an, den meine Freundin in der Zwischenzeit gekocht hatte. Sie stellte mir eine Tasse hin, setzte sich zu mir und sah mich fragend an.

»Es war schrecklich«, erzählte ich, »ich fühle mich, als wäre ich unter einen Traktor gekommen. Dieser Mann ist so was von selbstgefällig!« Ich war äußerst mies gelaunt.

Zuerst sah sie mich ja mitfühlend an, dann aber machte sich ihr spöttisches Lächeln in ihrem Gesicht breit und ihre Augen funkelten wieder so lustig. »Na, dann haben wir ja wieder mal etwas gelernt. Unsere Wünsche erfüllen sich zwar, aber wir sollten uns schon klar darüber sein, was wir eigentlich wollen. Na ja, eine gute Lektion, das nächste Mal wirst du es sicher besser machen.«

Wir lachten beide herzlich und verbrachten einen gemütlichen Morgen mit Geschichten, Neckereien und Pläneschmieden für unsere Zukunft.

Diana

Genug eingestimmt in den Reigen aller Möglichkeiten?

Was andere können, sollte uns doch ebenfalls möglich sein. Ist es auch.

Lass dich inspirieren von all den kommenden Wunschgeschichten und fang selber an zu wünschen.

Vielleicht steht dann bald eine deiner Erfolgsgeschichten in einem der nächsten Bücher.

**Mit Wundern und Wünschen
ist es wie mit der Liebe:
Sie vermehren sich,
je mehr man davon aussendet.**

Allerdings gibt es eine kleine Sache zu beachten.

## Die Falle mit »nicht« und »kein«

Streiche beim Wünschen die Wörter »nicht« und »kein« aus deinen Gedanken. Alles, was wir vermeiden wollen, ziehen wir in unser Leben, weil wir ihm gedanklich Energie zuführen.

Hier gilt der Grundsatz: Gleiches zieht Gleiches an. Was wir denken, sagen oder fühlen, ziehen wir unweigerlich in unser Leben. Ängste ziehen also genau die Ereignisse an, die wir verhindern wollen. »Ich will nicht krank sein« bedeutet als Wunschenergie: »Ich will krank sein.« Wir können nicht etwas nicht entstehen lassen. Wir können immer nur etwas erschaffen und nicht »etwas nicht erschaffen«. Allein der Gedanke an »Nicht-Erschaffen« erschafft das Unerwünschte, weil wir angstvoll daran denken. Etwas vermeiden zu wollen, geht nicht. Aber wir können das Gegenteil davon entstehen lassen: Wir müssen uns unbedingt mit der positiven Entsprechung beschäftigen.

»Ich bin gesund.« Dieser Befehl ist einfach und klar. Bei diesem Wunsch beschäftigen wir uns nämlich mit unserer Gesundheit und nicht mit Krankheit.

Wenn es beim Wünschen Überraschungen geben sollte, sieh einmal nach, ob sich in deine Wunschformulierung ein *»nicht«* oder *»kein«* eingeschlichen hat, so wie bei den folgenden Geschichten.

## *Ich fahre* nicht *in die Türkei*

Lieber Pierre,

das Kurioseste, was mir bei der Wunscherfüllung je passiert ist, beschert mir eine Woche Urlaub. Deprimiert saß ich Mitte Dezember in meiner Wohnung. So kann es nicht weitergehen! Ich versuche, auf positive Gedanken zu kommen. Lasse das Jahr Revue passieren: Was war gut? Was war schlecht? Was will ich im neuen Jahr besser machen?

Der Gedanke an den nächsten Urlaub löst fabelhafte Schwingungen aus. Blitzschnell fallen mir zwanzig sehenswerte Reiseziele ein, die ich gerne besuchen möchte. Welches ist mir am wichtigsten?

Ich rufe ganz laut: »Pamukkale!«

So ein Blödsinn!, denke ich zwei Sekunden später. Wie soll das gehen? Ich erinnere mich an meine Prinzipien. Eines davon lautet: Ich fahre *nicht* in die Türkei!

Da »nicht« aber nicht ankommt, wird mein Wunsch durch diesen Gedanken nur verstärkt.

Zwei Tage später klingelt das Telefon: Marion erzählt mir von einem Preisausschreiben, bei dem sie sich gewünscht hatte, das Auto zu gewinnen. Stattdessen bekommt sie die Reise.

»Ja? Und?«, frage ich erstaunt. »Was bedeutet das?«

»Die Reise geht in die Türkei, inklusive zwei Tage Ausflug nach Pamukkale, und ich finde niemanden, der mitfährt.«

Marion hatte Familie, Nachbarn und Freunde gefragt; nun fiel die Wahl auf mich.

Anfang Februar verbringen wir gemeinsam eine wunderschöne Woche in der Türkei, ich bekomme von Land und Leuten nur positive Eindrücke. Erholung und Entspannung pur – Pamukkale ist traumhaft.

Elke

Alan hatte sich ebenfalls lange mit einem »nicht« herumgeschlagen, bis er anfing, positiv zu formulieren. Und schon klappte es wie am Schnürchen.

## *Ich muss* nicht *zur Bundeswehr*

Hallo Pierre,

vor etlichen Jahren habe ich mich auch schon mal bewusst mit dem Thema »Wünschen« beschäftigt. Ich fing also an, (vermeintlich) »positiv« zu denken, und stellte mir eine Liste mit Affirmationen zusammen – leider mit vielen Fehlern, was ich dank Deiner Bücher jetzt weiß. So stand da unter anderem: »Ich bin *nicht* krank«, »Ich habe *keine* Probleme« etc. Zu dieser Zeit hatte ich sehr viele Probleme und war auch sehr oft krank. Das zog sich über Jahre.

Ein großes Anliegen war damals, dass ich nicht zur Bundeswehr muss und ausgemustert werde. Tatsächlich hatte ich seinerzeit Herzprobleme. Heute weiß ich, dass sie psychosomatischer Natur waren. Ich musste starke Medikamente nehmen. Für das Kreiswehrersatzamt reichte das allerdings nicht aus, um mich auszumustern. Ein jahrelanger Kampf begann.

Ich dachte mir, mithilfe der Kraft meiner Gedanken sollte es doch möglich sein, mein Ziel zu erreichen. Also stand auf meiner Liste: »Ich muss *nicht* zur Bundeswehr.«

Ich rannte von Arzt zu Arzt, um entsprechende Atteste zu bekommen. Spielte sogar psychische Erkrankungen vor. Es half nichts. Dabei war ich doch so überzeugt von meinen »positiven« Gedanken.

Irgendwann fing ich an, zu visualisieren, was ich mir wünschte. Also stellte ich mir vor, wie mir der Postbote den Ausmusterungsbescheid überreicht – am besten noch kurz vor Weihnachten, so als Geschenk.

Lange Rede, kurzer Sinn: Es hat geklappt. Genau so, wie ich es mir vorgestellt hatte – und zur Krönung direkt am 24. Dezember. Ein schöneres Geschenk konnte es nicht geben.

Alan

Der folgende Wunsch ist fast kurios und ein
weiterer Beleg dafür, wie stark unsere Gedankenkraft arbeitet – gerade eben auch in der Ver-
neinung.

### Mit 45 will ich auch nicht mehr

Lieber Herr Franckh,

ich danke Ihnen von ganzem Herzen für Ihr Buch,
das Sie – da bin ich mir ziemlich sicher – nur für
mich geschrieben haben! Und ich bin dem Universum von Herzen dankbar, dass Sie nicht Ihrem
Ego gefolgt sind (»Soll ich das Buch überhaupt
... und brauchen die Menschen noch ein ...?«).
Doch, wir brauchen – ich brauchte Ihr Buch!
Jetzt weiß ich, wo und wie bei meinem Wünschen
all die Energien im Nirwana, im Nichts, im Nie-
mandsland verpufft sind: Ich habe den von Ihnen
beschriebenen Eiertanz über eine sehr lange Zeit
veranstaltet und war mir dessen nicht bewusst.
Sehr geholfen hat mir Ihr Meditationstext! Ich
habe den ihn meine Bedürfnisse umgestaltet.

Parkplätze wünschen – kein Problem. Trocke-
ne Wetterphasen wegen des Radfahrens zum

Dienst – kein Problem. Einen Superjob, den richtigen Partner – alles Dinge, die ohne großen Aktionismus fluppten.

Doch nun das ...

Ich wünsche mir bereits seit geraumer Zeit ein Baby.

Gewünscht – spirituell gearbeitet – viel gelesen – sich weiterentwickelt – gesehnt, gesehnt und nochmals gesehnt – geflucht, selbstverständlich ebenso wie im Weltschmerz versunken und untergegangen – die gesamte Palette also. Und dann muss ich dank Ihres Buches feststellen: Wünsch es dir einfach – aber richtig!

Ich habe beispielsweise ständig gesagt: »Mit 45 will ich auch nicht mehr ...« Sie ahnen es sicher schon: Mit 45 will ich ... *mehr* – und jetzt zu meinem Geburtstag bekomme ich *mehr*! Ein Baby! Selber schuld – das weiß ich jetzt: Ich wollte ja erst mit 45! Auch den selbstveranstalteten »Eiertanz«: Ja, jetzt – oder doch besser nächsten Monat? Junge oder Mädchen?

Oh, lieber Pierre Franckh, ich fand mich so in Ihrem Buch gespiegelt. Ich danke Ihnen von ganzem Herzen!

Marion

Genug mit den Fehlern beim Wünschen. Jetzt wissen wir ja Bescheid. Also legen wir mal los.

# Den Seelenpartner finden

Wir alle haben eigentlich die gleiche große Sehnsucht: einen Partner fürs Leben zu finden. Einen Partner, der ähnlich denkt und fühlt wie wir, der an unserer Seite steht und zu uns hält, der uns akzeptiert, wie wir sind, mit all unseren Stärken und Schwächen, und der natürlich unsere Liebe erwidert.

Dann liegt es doch nahe, sich auch das zu wünschen. Das Universum erfüllt schließlich alle unsere Wünsche. Es richtet sich danach, was wir diesbezüglich sagen, denken oder wovon wir überzeugt sind. Auf diese Weise senden wir unsere feinstoffliche Energie in die Welt hinaus. Diese feinstoffliche Energie arbeitet nach dem Gesetz der Resonanz. Sie sucht sich aus der Fülle der Möglichkeiten exakt nach deinen Angaben einen Partner heraus und führt beide Menschen – ihn und dich – zu einem gemeinsamen Treffpunkt. Die Frage ist nur, was für einen Partner wünschst du dir?

Alexander zum Beispiel hatte eine ganz besondere Bedingung an seine künftige Seelenpartnerin.

## Wie sich Alexander seine Frau nach dem Vornamen in sein Leben wünschte

Lieber Pierre,

ich beschäftige mich seit etwa einem halben Jahr mit dem Gesetz der Anziehung und bin im Moment dabei, mit meiner Lebenspartnerin Ihr Buch »Wünsch es dir einfach« zu lesen. Es ist für uns schon fast zum Ritual geworden, da immer einer vor dem Schlafengehen ein paar Seiten vorliest.

Mir wird immer mehr bewusst, dass ich das Gesetz des Wachstums schon seit meiner Kindheit anwende – jedoch hauptsächlich unbewusst. Durch meine Erziehung und mein damaliges Umfeld erhielt ich zum Teil auch die falschen Glaubenssätze, die zum Beispiel hießen: »Wenn du nichts lernst, bekommst du keine Arbeit, bist obdachlos und hast keine Frau«, »Zur Liebe gehört auch Leid«, »Wenn man einen Fehler macht, wird man nicht mehr geliebt«, »Nur wenn man studiert hat, ist man was wert und kann richtig gut verdienen« ... Und so weiter. Wenn ich dies jetzt so betrachte, ist mir bewusst, dass dies schon ein ziemlich blödsinniger Glaube war.

Jetzt habe ich gelernt, dass ich der Schöpfer meiner eigenen Realität bin. Ich bin super und einfach toll und dafür könnte ich mich sogar selbst küssen! Die Selbstliebe hat mir meine Lebenspartnerin beigebracht. Dadurch dass ich mich jetzt selbst liebe, kann ich auch meine Freundin bedingungslos lieben.

Ach ja, meine Lebenspartnerin erhielt ich natürlich auch durch das Gesetz der Anziehung: Vor vielen Jahren stellte ich mir meine Frau fürs Leben vor und gab ihr sogar einen Namen. Sie hieß in meinen Gedanken Kerstin. Für mich war dieser Vorname schon sehr besonders und einzigartig (die Begründung folgt gleich).

Vor ziemlich genau sechs Jahren war ich auf einer Firmenfeier und hatte natürlich überhaupt keine Lust auf Smalltalk und verkrampftes Essen. Ich betrat die Location – und sah »sie«. Ich war sofort hin und weg und wusste einfach: Das ist sie! Und dann erfuhr ich ihren Namen. Sie können es sich ja bestimmt denken: Sie hieß Kerstin.

Es nahm alles ziemlich schnell seinen Lauf: Nach drei Monaten zog ich zu ihr nach München. Jetzt ist es an der Zeit, dass wir uns Gedanken über Familie und Heirat machen. Der Gedanke an die Visitenkarte meiner Frau belustigt uns heute schon. Darauf würde dann stehen: »Kerstin Kersten« ... Mein Wunsch war mir Befehl!

Alexander

Jasmin hatte im Gegensatz zu Alexander eine wesentlich ausführlichere Liste, die ihr Traummann erfüllen sollte. Ob das wohl gut geht?

## *Der Traummann nach einer genauen Liste*

Lieber Pierre Franckh,

aufmerksam habe ich Ihre Bücher gelesen – Bücher, die ich längst selbst hätte schreiben sollen, von dem Moment an, als ich merkte und immer wieder bestätigt bekam, dass mein ganzes Leben entsprechend meinen Vorstellungen und Wünschen verlaufen ist.
Hier ist jetzt eine Geschichte, die für mich sehr mysteriös war – damals, als sie sich ereignete.

Ich lief mit 23 Jahren durch die Stadt Mainz, mein Dienst in der Uniklinik war zu Ende. Ich ging wie in Trance durch die Straßen und fragte mich – besser gesagt, »etwas« in mir fragte mich: Was willst du eigentlich im Leben?
Meine Tranceantwort war: Eine Familie, zwei bis drei Kinder, einen Mann, ein Haus im Grünen, einen Garten, viele Bücher, Teppiche, schöne Gegenstände; einen Mann, der mich fordert und för-

dert; der Vater ist Chefarzt, die Mutter aus gutem Haus, allerdings keine Ärztin usw. Zum Schluss war mir, als würde ich es mir gar nicht selbst erzählen. Ich war nahezu am Ende meiner Trance; es gab eine kleine Sendepause, dann schob sich noch eine weitere Aussage dazu: Student soll er nicht mehr sein ... Und nach einer weiteren, etwas längeren Pause: »Und ein Haus am Meer wäre schön«, hörte ich mich sagen.

Etwa drei Wochen später während meines Dienstes in der Klinik lief mir ein Arzt über den Weg. Er war lustig, und ich hatte gerade auch sehr viel Spaß während einer kurzen Pause. Er erzählte, dass er kürzlich sein Staatsexamen absolviert und danach als Famulant drei Monate in USA gearbeitet hatte. Was soll ich sagen? Wir schauten uns wie elektrisiert an, und alles andere ergab sich von jetzt an wie von selbst.

Er war genau der Mann, den ich mir als Partner vorgestellt hatte. Der Witz war: Er hatte am selben Tag wie mein Vater Geburtstag; mein Vater war exakt 35 Jahre älter.
Alles passte. Nach anfänglichem Kennenlernen, das zum Teil sehr abenteuerlich war, gehörten wir, wie es schien, für immer zusammen. Alles –

angefangen vom Haus und der Hochzeit mit dem »roten Teppich«, über den wir nach der Trauung zum Hotel gingen, über die Praxis bis hin zu den Reisen und zum kleinsten Detail – realisierte sich, wie ich es mir bisher gedacht und erträumt hatte. Ein wunderschönes Leben. Das Haus am Meer war auch da. Es gehörte seinen Eltern, und wir fuhren fast jedes Jahr für drei Wochen im Sommer mit unseren beiden Söhnen dahin. Alles lief wie am Schnürchen fast 25 Jahre lang – genauer gesagt: so lange, bis ich mir unbewusst etwas anderes wünschte.

Jasmin

Sarah ging noch einen Schritt weiter bei ihrer Bestellung. Sie nahm als Vorbild das Foto eines Models aus einer Illustrierten. Ob sie da mal nicht übertreibt?

## Der Mann aus dem Modejournal

Hallo Pierre,

ich halte mich für einen recht rationalen Menschen und habe mich nie mit Esoterik oder ähnlichen Themen beschäftigt, eher im Gegenteil, ich habe dies belächelt. Dennoch habe ich nach rationalen Beweisen gesucht und sie in Form von Büchern und Filmen gefunden. Dann habe ich mir Ihre drei Bücher übers Wünschen besorgt, weil sie sehr verständlich und praktisch erklären, wie man wünscht. So überzeugt, begann ich mit dem Wünschen.

Zu dem Zeitpunkt war ich allein und eigentlich ganz froh darüber, weil ich eine absolut chaotische Beziehung hinter mir hatte (wie alle meine Beziehungen bislang waren). Genau hier wollte ich anfangen und beschloss, mir »den Richtigen« zu wünschen.

Ich habe eine Liste mit seinen Eigenschaften gemacht und ihn genau beschrieben; ich habe mir aus einem Modejournal ein Bild eines Mannes herausgesucht, das meinem Geschmack entsprach, und es auf mein Handy geladen. Ich habe einfach so getan, als wäre ich bereits mit diesem Mann zusammen, und war irgendwie glücklich und freute mich jeden Tag, wenn ich dieses Bild ansah. Ich kam mir völlig durchgedreht vor und musste die ganze Zeit über mich selbst lachen. Das ging etwa 14 Tage so.

Dann, am Wochenende, war ich mit einer Freundin aus – und plötzlich stand er vor mir. Nicht das Fotomodell aus dem Modejournal, aber ein Mann, der diesem Bild unglaublich ähnlich sah. Wir lernten uns kennen (auch eine unglaubliche Geschichte, aber zu lang, um sie ganz zu erzählen) und sind jetzt ein gutes halbes Jahr zusammen, total verliebt und glücklich. Wenn ich meine Liste herausnehme und sie lese, wird mir fast ein wenig unheimlich: Alles stimmt!

Das mit dem »super sportlich« hätte ich allerdings nicht so schreiben sollen. Es ist manchmal etwas stressig, da mitzuhalten. Aber es tut meiner Fitness ganz gut.

Sarah

Ja, all das ist möglich. Es geht gut, wir übertreiben auch nicht, wenn wir unseren Wünschen freien Lauf lassen. Wir können sogar den Weg für geliebte Personen ebnen, damit sie – natürlich nur, wenn sie wollen! – den Weg zu uns leichter zurückfinden.

### *Wie sich Eva ihre erste große Liebe zurückwünschte*

Lieber Pierre,

vor 28 Jahren lernte ich auf Rhodos meine erste große Liebe kennen. Es war wunderbar und wir verbrachten fast fünf Jahre in einer Fernbeziehung. Damals war ich nicht bereit, mein Leben in Österreich aufzugeben, und brach dann die Beziehung ab. Ich wurde reifer, heiratete, bekam einen wunderbaren Sohn, ließ mich scheiden und hatte bis vor Kurzem eine nicht sehr befriedigende Beziehung, bei der mein Selbstwert ständig ins Abwärts geschickt wurde ..., aber das ist Vergangenheit.

Die letzten vielen Jahre habe ich nie mehr an meine erste Liebe gedacht, bis er mir vor einigen

Monaten nicht mehr aus dem Kopf ging. Mir fiel ein, dass ich ja alle Briefe von damals aufgehoben hatte, und suchte sie im Keller.

Ich war total gerührt, als ich sie las, und dachte mir, ich würde so gerne wissen, was aus ihm geworden ist, ob er noch lebt (war damals schon etwas älter als ich), ob er geheiratet hat, Kinder hat, was er arbeitet ... – alles.

Also machte ich mich auf die Suche im Internet, und dank vieler netter unbekannter Menschen erhielt ich seine neue Adresse. Ich schrieb ihm einen Brief, ob er sich denn noch an mich erinnern könne, und stellte alle meine Fragen.

In Salzburg bei Eurem Seminar hatte ich die Gelegenheit, ein ganzes Wochenende lang meinen Wunsch zu konkretisieren und auszusenden. Ich wünschte mir: »Ich lebe in einem Haus am Meer und habe eine glückliche, harmonische Beziehung mit meiner großen Liebe!«

Und tatsächlich, wie durch ein Wunder: Nach etwa zwei Wochen rief mich »mein« Grieche an! Ja, um es kurz zu machen: Er hat mich nie vergessen, vermutete mich aber in einer glücklichen Beziehung, ist seit acht Jahren geschieden und unbeschreiblich glücklich, dass wir uns wiedergefunden haben. Wir telefonieren mittlerweile täglich miteinander und ich bin fest überzeugt, dass ich mein Leben mit ihm verbringe.

Anfang Juni fliege ich zu ihm. Wir verstehen uns, als hätten wir uns nie aus den Augen verloren, haben die gleiche Lebenseinstellung, so viele Gemeinsamkeiten. Und da ich ja von heute auf morgen nicht alles abbrechen möchte, wartet er auch auf mich, bis mein Sohn selbstständig ist und wir gemeinsam unseren Lebensweg gehen können.

Wir sind beide total glücklich – und ach ja, er hat ein Haus am Meer!

Eva

# Wenn sich das
# Gänsehautfeeling einstellt

Wenn sich beim Wünschen das Gänsehautfeeling einstellt, sprechen wir gerne von Wundern. Und dennoch ist es immer unsere ausgesandte Energie, die für uns wirkt und waltet.

Gleichwohl sind wir stets tief berührt und voller Demut über die Kraft unserer Gedanken und die Geschenke der Schöpfung, wenn solche »Wunder« in unserem Leben geschehen.

Vielen Dank, liebe Beatrice, dass du uns an deinem »wundervollen« Erlebnis teilhaben lässt.

## *Ein letztes Zeichen*

Lieber Pierre,

mein innigster Wunsch, dass mein Mann (Lungenkrebs) wieder gesund wird, hat sich nicht erfüllt – da war eine andere Macht stärker ...
Als er am 4. Februar um 21.45 Uhr starb, erhielt

ich jedoch eine Nachricht in Form eines Unterti-
tels im Fernsehen (ich zappte abends immer das
Fernsehprogramm durch, wohlwissend, dass ohnehin nichts Interessantes läuft). Ich blieb beim
Zappen auf einem Programm hängen (irgendein
kitschiger Krimi). Auf einmal war ein Untertitel zu
sehen, der nicht zum Film passte: »Er liebt dich!
... Er verlässt dich nicht! ... Er ist tot!«
Das war genau die Uhrzeit, als mein Mann friedlich einschlief!
Als der Untertitel erschien, wurde mir unheimlich
zumute, aber ich wusste: Er war für mich, und
mein Mann hat es geschafft, sein Leiden war zu
Ende.
Als kurz darauf jemand vom Krankenhaus anrief,
war ich gefasst, da ich wusste, was passiert war.
Ich fuhr sofort in die Klinik, denn die Seele bleibt
ja noch eine Weile beim Verstorbenen, und ver-
abschiedete mich von meinem Mann. Als ich ihn
so friedlich liegen sah (er lächelte sogar), war ich
zwar traurig, aber auch beruhigt.

Nun versuche ich, meinem Leben einen Neuan-
fang zu geben. Ich werde das schaffen, da ich ihm
so vieles versprochen habe, und ich weiß auch,
dass ganze Heerscharen von Engeln mir beiste-
hen. Es wird nicht einfach, da mein Mann und ich

in einer Art Symbiose zusammengelebt haben.
Aber ich weiß, ich bin stark. So ist es dann wohl
im Leben – die Welt dreht sich weiter und ich versuche, das Beste daraus zu machen.

Beatrice

Es gibt sie, die vielen kleinen alltäglichen Wunder. Und es gibt sie, die Berührungen mit einer anderen Macht, jenseits unserer fünf Sinne. Auch wenn wir sie mit unseren Sinnen nicht nachvollziehen oder gar verstehen können, weiß man heute, dass sie dennoch existieren. Man weiß sogar, dass wir sie beeinflussen, lenken und erschaffen können.

So geschah es in der nächsten Geschichte, die uns alle zutiefst berührte und in Staunen versetzte. Elena erzählte sie uns auf dem Forum meiner Homepage.

### Zeig mir bitte, dass du mich liebst

Hallo, Ihr Lieben,

ich möchte Euch eine »erfolgreiche Wunschgeschichte« erzählen, die mich sehr berührt hat. Ein Zeichen vielleicht, dass man sich nicht nur materielle Dinge wünschen kann?

Meine Mutter war gestorben. Die familiären Verhältnisse waren schon länger angespannt gewesen, und nach einem schlimmen Streit mit meiner Schwester hatte ich (um mich seelisch zu schützen) den Kontakt zu ihr endgültig abgebrochen. Nach diesem Streit wurden mir zum ersten Mal viele (Macht-)Strukturen in der Familie klar – und dass ich eigentlich seit dem Tod meines Vaters regelrecht aus der Familie hinausgedrängt wurde. Meine Mutter schien relativ gleichgültig, für sie war ich nur interessant, wenn ich mich ausschließlich um sie und ihre Bedürfnisse kümmerte. Kleine Erpressungen in dieser Richtung waren an der Tagesordnung. Meine Schwester war offensichtlich umtriebiger.

Nach dem Tod meiner Mutter bekam ich ein Fotoalbum in die Hände, das meine Schwester für unsere Mutter angelegt hatte. Mit jeder weiteren Seite, die ich umblätterte, stellte ich mehr und mehr fest, dass ich in diesem »Familienalbum« kaum vorkam. Nun ja, es gehen einem die Augen auf ... Auf einmal wird einem vieles aus der Vergangenheit klarer und realer.

Nach dem Tod meiner Mutter hatte ich noch einmal ein Telefongespräch mit meiner Schwester. Sie rief mich an, da es noch einiges zu klären gab. Das Gespräch dauerte gute drei Stunden, und dabei kamen noch einmal viele Dinge aus der Vergangenheit auf den Tisch. Es bewegte sich alles zwischen Wut und Tränen.

Dann kam das Gespräch auf Erinnerungsstücke an unsere Mutter. Ich hatte ihr vor langer Zeit ein rotes Plüschherz geschenkt und fragte, ob es noch da sei. Meine Schwester sagte: Nein, das habe sie nicht in den Sachen gesehen.

Ich war ziemlich traurig. Nun ja, das Herz hätte ich gerne aufbewahrt. Ich dachte mir beim Gedanken an das rote Plüschherz: Wenn meine Mutter mir doch wenigstens einmal deutlich und klar gesagt oder gezeigt hätte, dass sie mich wirklich liebt. Jetzt war es zu spät.

Nach dem Gespräch war ich sehr aufgewühlt. Ich musste nach draußen, um mich wieder zu beruhigen. Unterwegs fuhr ich auf einen Supermarktparkplatz. Ich stellte das Auto ab und kaufte ein paar Sachen ein, eigentlich lief ich wie ein Schlafwandler durch die Regale.

Als ich wieder auf den Parkplatz kam und die Einkäufe verstaut hatte, war ich im Kopf so leergefegt vor Seelenschmerz, dass ich vor dem Auto stand und nicht wusste, was ich als Nächstes tun sollte. Mir fiel nur auf, dass alle Parkplätze neben mir plötzlich frei waren.

Ich sah etwas auf dem Boden liegen, das ich erst gar nicht richtig wahrgenommen hatte. Ich hebe normalerweise nicht jeden »Müll« auf, der auf der Straße liegt, aber das hier zog mich seltsamerweise unglaublich an.

Als ich es aufhob, traf mich fast der Schlag: Es war ein kleines rotes Plüschherz! Und als ich es umdrehte, stand darauf eingestickt: »Ich liebe Dich!«

Mir schossen die Tränen in die Augen, und ich musste mich erst mal ins Auto setzen und beruhigen, bevor ich wieder nach Hause fahren konnte.

Das Herz hat mich über ein Jahr begleitet, bis ich es nicht mehr »brauchte«. Ich habe in meinem Leben schon viele Wunscherfüllungen erlebt, aber diese berührte mich am meisten.

Elena

Manches lässt sich nicht erklären. Aber manchmal brauchen wir auch überhaupt keine Erläuterungen. Obwohl sich unser Verstand wundert und nach Zusammenhängen sucht; obwohl wir sprachlos sind, weil wir nicht verstehen, wie das hatte funktionieren können: Wichtig ist doch nur eins, und zwar, dass es funktioniert!

Man sollte also weniger nach Erklärungen suchen, sondern wesentlich öfter nach Möglichkeiten, es selber auszuprobieren. Hier ist jedenfalls noch so ein kleines großes Wunder.

### Ich will meinen iPod wieder

Lieber Pierre,

hier ein kleines Wunder, das meiner 17-jährigen Stieftochter Christina passiert ist. Es ist so unglaublich, dass es sogar mich völlig verwundert hat:

Christina wünschte sich zu Weihnachten nichts außer einem iPod. Das haben wir dann auch hinbekommen und das Kind war selig.

An Silvester war sie bei ihrer Mutter, weil sie dort morgens Dienst hatte. Sie hat einen Nebenjob in der Kantine des Krankenhauses. Auf dem Heimweg hörte sie Musik; zu Hause angekommen, steckte sie den iPod in die Manteltasche. Als um Mitternacht draußen Raketen gezündet wurden, dachte sie nicht mehr an das Gerät – und danach war es weg! Christina heulte wie ein Schlosshund. Ich beruhigte sie am Telefon, sie solle sich mal nicht aufregen; es finde sich schon wieder. Ich gab ihr Tipps: den Weg noch mal ableuchten, unter der Garderobe suchen usw.

Sie untersuchte sogar den Müll der Nachbarn (sie meinte, falls einer den iPod aufgekehrt habe), aber das Ding blieb verschwunden.

In der Nacht zum 2. Januar übernachtete Christina erneut bei ihrer Mutter. Alle schliefen, im Haus herrschte Totenstille. Es war gegen halb zwei und Christina las noch im Bett, musste dann aber zur Toilette.

Sie krabbelte aus dem Bett, schlug die Bettdecke zurück, legte ihr Buch darauf und ging zur Toilette. Da sie wusste, dass alle schliefen, ließ sie die Toilettentür offen. An der Tür hätte man vorbeigehen müssen, um in ihr Zimmer zu gelangen, und in dem stillen Haus hätte sie es gehört, wenn jemand gekommen wäre. Sie saß auf der Toilette und dachte: »Liebes Universum, ich will meinen iPod wieder, aber nicht irgendeinen, sondern den,

den mir mein Vater und Sabine zu Weihnachten bestellt hatten.«

Sie wusch sich die Hände, krabbelte wieder ins Bett – und neben ihrem Buch, auf der Bettdecke, lag der iPod.

Ich bin eine Nachteule, und weil Christina das weiß, rief sie mitten in der Nacht bei mir an, um mir von ihrem Erlebnis zu erzählen. Sie war völlig durch den Wind. Und glücklich. Und beseelt.

Sabine

Noch ein fabelhaftes Wunder ganz anderer Art:

## *Eine Rede einfach weggewünscht*

Lieber Pierre,

ich war immer sehr skeptisch, was das Wünschen betrifft. Aber meine Freundin meinte, ich sollte es einmal versuchen. Und dabei ist mir etwas Unglaubliches passiert:

Ich sollte einen Vortrag halten. Mein Chef hatte mich gebeten, über die Arbeitsergebnisse meines Teams (wir erarbeiten einen neuen Arbeitsplan) zu berichten. Da ich von meinem fachlichen Wissen her nicht mit den vorhandenen Ergebnissen mitgehen konnte, war ich in der Zwickmühle. Natürlich wollte ich meinen Chef nicht enttäuschen, indem ich den Vortrag ablehnte. Zum anderen wollte ich aber auch nicht etwas präsentieren, hinter dem ich nicht stand.

Zunächst einmal sagte ich meinem Chef, dass ich den Vortrag natürlich halten werde. Gemeinsam mit meiner Freundin überlegte ich, wie ich nun aus dem Schlamassel herauskomme. Wir wünschten uns, dass sich der erteilte Auftrag, am

16. des Monats einen Vortrag zu halten, bis zum 7. dieses Monats in Luft auflöst.

Sie werden es nicht glauben: Am 7. erhielt ich die Einladung zum Arbeitstreffen. Ich stand nicht als Referentin auf der Tagesordnung! Damit hatte sich mein Auftrag erledigt. Unglaublich, oder?

Tina

## Verblüffende Lösungen des Universums

Es müssen nicht immer die großen Wünsche sein, die uns in Erstaunen versetzen. Sehr oft sind es gerade die kleinen Wünsche, die auf fast magische Weise erfüllt werden. Die Art und Weise, wie »geliefert« wird, kann man sich jedenfalls meist nicht ausdenken. Am besten sollte man daher einfach bereit sein, dass der Wunsch erfüllt wird, und es nicht von einer bestimmten Seite erwarten.

Der Kosmos sucht sich nämlich den schnellsten und leichtesten Weg aus – und der kann eben völlig anders sein, als wir denken.

Wie zum Beispiel bei Ulrike, die schon geglaubt hatte, dass ihr Wunsch schiefgegangen sei. Und dann erfüllte er sich doch noch.

### *Ulrike wünschte sich, in der ersten Reihe zu sitzen*

Lieber Pierre,

ich hatte Elternabend in der Schule und wünschte mir zusätzlich zum Parkplatz, dass ich in der ersten Reihe einen Platz bekäme. Ein nicht so leichter Wunsch, da ich nicht wusste, ob ich es rechtzeitig in die Schule schaffen würde.

Es klappte alles bestens: Ich wurde zu meinem Traumparkplatz geführt, und als ich in die Schule kam, traf ich eine andere Mutter aus der Klasse. Wir gingen gemeinsam in den Festsaal und es war noch fast alles leer. Erste Reihe also kein Problem. Allerdings sagte die andere Mutter gleich: »In der ersten Reihe möchte ich aber nicht sitzen.«
Na ja, dachte ich, ich hätte ihn aber bekommen, den Platz in der ersten Reihe. War zufrieden und sagte: »Dann setzen wir uns eben in die zweite Reihe.« Gesagt, getan.

Der Saal füllte sich, der Vortrag begann und die Direktorin beklagte sich, dass niemand in der ersten Reihe sitzen wollte. Sie lud neu eintreffende Eltern dazu ein, nach vorne zu kommen, aber niemand wollte. Also begann sie – zu meinem größten Vergnügen! –, die Sessel der ersten Reihe wegzutragen, und ich saß somit *in der ersten Reihe!*

Ein schönerer Anfang fürs Wünschen konnte meinem Verstand gar nicht geboten werden.

Ulrike

Noch unerwarteter dürfte wohl folgender Wunsch ausgegangen sein, vor allem da er Brigitte vor große Rätsel stellte. Und doch war die Lösung so leicht. Wie gesagt, das Universum sucht sich immer die einfachsten Lösungen aus, auch wenn wir sie zunächst nicht verstehen.

## *Der Wunsch nach einer Putzhilfe*

Lieber Pierre,

in meinem Badezimmer war der Abfluss des Waschbeckens wieder einmal verstopft – sicher auch wegen meiner langen Haare. Leider ist es echt mühsam, das Abflussrohr aufzuschrauben und dann die ekligen Substanzen herauszugrübeln, zumal das so schrecklich riecht. Jedes Mal binde ich mir einen parfümierten Schal ums Gesicht und stülpe Plastiktüten über meine Hände, um ja nicht mit dem Talg in Berührung zu geraten.

Diesmal hatte ich einfach keine Lust auf diese Prozedur. Mein Bruder, der in der Wohnung unter mir wohnt und diesen Job schon mal übernommen hatte, konnte sich auch nicht dafür erwärmen. »Mach es selbst!«, war sein Kommentar.

Da kam mir die Idee, es mit Wünschen zu versuchen. Also wünschte ich mir sofort einen freien Abfluss im Waschbecken.

Am nächsten Morgen, als ich – noch ganz verschlafen – das Badezimmer betrat, traute ich meinen Augen kaum. Das konnte doch nicht möglich sein!
Der Stöpsel des Waschbeckens lag auf dem Fußboden. Im Lavabo befand sich ein riesiger haariger Klumpen. Ich entsorgte ihn und ließ das Wasser laufen. Tatsächlich, es floss wieder ab. In unserer Wohnung gab es neben meiner siebenjährigen Tochter und mir nur ein weiteres Lebewesen: unsere Katze! Und hier war wohl die Lösung meines Wunsches zu finden.

Während Michèle und ich in der Nacht geschlafen hatten, hatte Flöckli, unsere kleine weiße Katze, mit ihren Pfoten im Waschbecken gefischt!
Manche Wünsche werden eben auf sehr kuriose Weise erfüllt.

Brigitte

Hier noch ein ganz anderer Wunsch mit einer ähnlich verblüffenden Erfüllung, die Leah im Forum auf meiner Homepage mitgeteilt hat. Vielen Dank auch dafür. Ihre Geschichte zeigt, dass das Gewünschte – wie klein es auch sein mag – immer geliefert wird: manchmal wie erhofft sofort und manchmal auf völlig überraschende Weise.

### Expressbestellung oder die total verrückte Lieferung

Hallo, Ihr Lieben,

ich möchte Euch die Geschichte meiner guten Freundin Marina nicht vorenthalten, die ihr neulich passierte. Fast ist sie nicht zu glauben, aber sie ist tatsächlich genau so passiert!

Sie kam an einem schönen Abend nach Hause und wollte sich eine leckere Tasse Kaffee kochen. Die Kaffeemaschine bullerte und Marina freute sich darauf, die Füße hochzulegen und den Abend zu genießen. Die Kaffeetasse wurde aus dem Schrank geholt, der Löffel dazu, und nun noch fix die Milch aus dem Kühlschrank ... Doch hej, was war das? Die vermaledeite Milch war alle!

Donnerwetter! Marina hatte vergessen, einkaufen zu gehen, und nun gab es keine Milch zu ihrem schönen Kaffee.

Sie war nicht dumm und sagte ihren Spruch: »Also, liebes Uni, das hier ist jetzt aber echt 'ne *Eilbestellung!* Ich brauche jetzt *ganz dringend* Milch für meinen Kaffee!«
Sprach's und setzte sich mit der Tasse schwarzem Kaffee auf die Couch.

Keine zwei Minuten später hörte sie eine Nachbarin die Treppe heraufkommen (Marina wohnt in einem Mehrfamilienhaus). Direkt vor ihrer Haustür macht es einen Knall – und Marina denkt noch so bei sich: Na, hat die Nachbarin die Kurve nicht bekommen, oder was? Doch es wird still und die Nachbarin scheint weg zu sein. Trotzdem fragt sich meine Freundin, was denn da jetzt wohl so gepoltert hat. Also steht sie auf, geht zur Tür, öffnet sie ...

... und da liegt sie – mitten auf ihrer Fußmatte: eine kleine Packung Kaffeesahne!

Leah

## Sich wieder gesund wünschen

Kommen wir zu dem Wunsch, dessen Erfüllung sich so viele ersehnen: unsere Gesundheit. Seltsamerweise glauben wir aber oft, dass wir nicht fähig seien, uns wieder gesund zu wünschen. Wir glauben zwar an die Kraft unserer Gedanken, dennoch reicht unser Vertrauen oft nicht aus, dass wir diese Gedankenkraft auch für unseren Körper einsetzen.

Dabei gibt es eine starke Wechselwirkung zwischen Geist und Körper. Sich Gesundheit zu wünschen, ist nämlich ein Wunsch, der zunächst gar nicht weit von uns wegstrahlt, sondern hauptsächlich auf uns selbst, auf unseren Körper wirkt. Jeder Muskel, jedes Organ, jede einzelne Zelle kann diese Energie und Information auffangen und sich daran orientieren.

Beim Wunsch nach Gesundheit geht es jedenfalls nicht darum, unsere Krankheit zu leugnen. Es geht darum, unsere Selbstheilungskräfte zu aktivieren.

Beim erfolgreichen Wünschen ersetzen wir die

Krankheit gedanklich mit Bildern von strahlender Gesundheit und lassen diese Energie auf unseren Körper wirken, anstatt wie bisher unserem Körper ständig zu bestätigen, dass etwas mit ihm nicht stimmt.

Unser Körper reagiert auf die kleinsten Gedankenimpulse. Wenn wir an unsere Gesundung glauben, können wir auf allen Ebenen unseren Körper dazu veranlassen, seine Selbstheilungskräfte zu aktivieren. Was vielen anschließend – wenn sie wieder gesund sind – wie ein Wunder anmutet, ist in Wahrheit keines. Letztendlich bestätigt es nur, wie stark die Kraft unserer Gedanken ist.

Wie wirkungsvoll unsere Gedankenkraft im Wechselspiel mit unserem Körper sein kann, zeigen die folgenden Beispiele, von denen es bereits unzählige gibt. In meinem Buch »Wünsch es dir einfach – aber mit Leichtigkeit« findest du viele weitere.

Aber zunächst einmal hat Kornelia das Wort.

## Wie sich Kornelia durch Gedankenkraft vom Krebs heilte

Hallo, Ihr Lieben,

ich erkrankte an Krebs. Metastasen im ganzen Körper, nichts mehr zu machen. Die Ärzte erklärten mir, wenn ich Glück hätte, lebte ich noch vier bis sechs Monate; ich solle mir mit Chemo und Bestrahlung ein wenig »Lebensqualität« sichern.

Nach einigen Tagen des In-mich-Gehens entschied ich mich – sehr zum Entsetzen meines Umfelds und meines Mannes – anzunehmen, dass meine Zeit vorbei ist, wenn es so sein soll. Ich wollte nicht elendig an einer Chemotherapie zugrunde gehen. Ich nahm meine Krankheit an, akzeptierte sie und dankte für das Leben, das mir bis dahin geschenkt war. Nie zuvor empfand ich so. Mein Leben war die Überholspur, Arbeit über alles. Plötzlich war dies alles nicht mehr wichtig.

Ich richtete mich auf Heilung aus. Ich zog aufs Land und wollte die letzte Zeit nutzen, um innerlich aufzuräumen. Ich begann, *mein* Leben intensiv zu leben, im Bewusstsein, dass jeder Tag ein Geschenk ist. Ich lebte nicht mehr das Leben meines Mannes, nicht das meiner Auftraggeber. Ich hörte auf zu funktionieren. Eine befreundete Ärztin unterstützte mich mental auf meinem Weg.

Nach einem Jahr waren keine Metastasen, kein Krebs mehr nachweisbar.

Inzwischen sehe ich es als meine Lebensaufgabe, anderen zu helfen, sie in ihre Kraft zu bringen. *Das* ist *mein* Leben. Und ich genieße jeden Tag!

Kornelia

PS: Man kann niemanden etwas lehren, man kann ihm nur helfen, es in sich selbst zu finden. (Galileo Galilei)

Wenn man von solchen Wendungen des Schicksals liest, ist man tief berührt. Und gleichzeitig ist es eine wundervolle Ermutigung für uns, niemals die Kraft der eigenen Gedanken außer Acht zu lassen. Dass wir uns selber gesund wünschen können, weiß man schon längst auch aus der medizinischen Forschung. Wir müssen es nur tun und nicht eine Sekunde an unseren Selbstheilungskräften zweifeln.

## Wie sich eine junge Frau ihre Tumore weggewünscht hat

Lieber Pierre,

seit vielen Jahren bin ich als Lebensberaterin tätig und weiß deshalb aus eigener Erfahrung, wie wichtig die Gedanken sind und was man alles erreichen kann, wenn man seine Gedanken stets auf positive Dinge ausrichtet.

Vor etwa zwei Jahren kam eine 23-jährige Frau zu mir, die seit einem halben Jahr verheiratet war. Der größte Wunsch von ihr und ihrem Mann war nun ein Kind. Leider war das nicht möglich, da sie zwei Tumore auf den Eierstöcken hatte und ihre Eileiter total zugewachsen waren. Ihre Ärzte sagten, es sei jetzt nicht das Thema, dass sie ein Kind bekommen wolle; jetzt gehe es darum, ihr Leben zu retten! Sie war in Kärnten bei einem Spezialisten, der ihr dringendst zu einer Operation riet, bei der ihre Eierstöcke mit den Tumoren und eventuell auch ihre Gebärmutter entfernt werden sollten.

Nun saß sie weinend bei mir, war ganz verzweifelt, dass sie nie Kinder bekommen sollte. Sie tat mir furchtbar leid! Ich sagte ihr: »Du musst jetzt alle Gedanken umstellen. Denke nicht dauernd an die Diagnose; damit veränderst du gar nichts. Dein Geist herrscht über deinen Körper. Du kannst deine Situation nur verändern, wenn du dich mit deinen Gedanken vollkommen auf das einstellst, was du erreichen möchtest, und das intensiv über den nächsten Monat tust. Denk nur daran, dass du vollkommen geheilt bist! Sieh es immer in Gedanken vor dir, wie du beim Arzt bist, der dich operieren möchte und dich untersucht und der dir nun sagt, dass du geheilt bist – alle Tumore sind vollkommen verschwunden! Freu dich vollkommen, wenn du die Nachricht erhältst, und umarme den Arzt. Gehe dabei vollkommen in diesem Gefühl der überwältigenden

Freude auf. Sei den ganzen Tag in diesem Gefühl, denke an nichts anderes als an diese Nachricht, dass du geheilt bist! Erzähle es in deinen Gedanken deiner Familie, deinem Mann und sieh, wie sich alle freuen.«

Zwei Stunden später ging sie sehr motiviert heim und versprach mir, sich zu melden. Ich habe dann oft an sie gedacht, während die Zeit verging; aber ehrlich gesagt, habe ich dann auch gezweifelt und nicht geglaubt, dass sich das alles innerhalb eines Monats auflösen kann. Aber es schien mir damals das Einzige zu sein, was ich tun konnte: sie zu motivieren, alles anders zu sehen und umzudenken.

Einen Monat nach unserem Treffen hatte sie die Untersuchung. Sie rief mich an und lachte glücklich, weil sich beide Tumore an den Eierstöcken vollkommen in Luft aufgelöst hatten – zur großen Verwunderung der Ärzte.

Ich hatte der jungen Frau damals auch gesagt, sie sollte sich dann, wenn die Tumore weg sind, als nächstes Ziel vorstellen, wie sie ein gesundes Kind hat und total glücklich ist. Jeden Tag solle sie sich vorstellen, wie ihr der Arzt bestätigt, dass sie

schwanger ist, und wie sie ein gesundes Kind bekommt – egal, wie unmöglich es laut den Ärzten
war, da die Eileiter noch nicht frei waren.

Drei Monate später rief sie mich an und erzählte
mir, dass sie schwanger sei.
Heute hat sie eine gesunde Tochter von 15 Monaten. Sie ist mit ihrem Töchterchen und ihrem
Mann sehr glücklich und ist auch vollkommen
geheilt!

Für mich war das ein Wunder. Seitdem weiß ich,
dass für den Geist nichts unmöglich ist, nicht mal
die schwerste Krankheit. Es liegt nur an uns!

Claudia

Auch Kinder können sich Gesundheit wünschen. Kinder haben oftmals einen so starken Glauben an ihre Wünsche, dass sie sogar ziemlich leicht Einfluss auf ihren eigenen Körper nehmen können.

Wie gut das funktioniert, wenn man an sich und seine eigene Wunschkraft glaubt, zeigt uns das Beispiel von Alan.

### Der Wunsch nach einem Leben ohne Brille

Hallo Pierre,

seit meinem vierten Lebensjahr musste ich eine Brille tragen wegen starker Weitsichtigkeit, und geschielt habe ich auch. Als Kind war mir das egal. Und es gab in den 1970ern ja schon sehr hässliche Gestelle.

Als ich in die Pubertät kam, war das natürlich anders. Schlimm genug, dass man mit Pickeln und unkontrollierbaren hormonellen Schwankungen zu kämpfen hatte. Und dann noch obendrauf eine hässliche und störende Brille! Das Leben konnte so grausam sein. Aber es ging nicht ohne das Teil.

Zu diesem Zeitpunkt, so mit 11 oder 12, wuchs in mir der Wunsch, Sänger und Musiker zu werden; ich eiferte meinem großen Vorbild Cliff Richard nach. Mimik und Gestik funktionierten schon ganz gut, nur die Brille störte. Sie musste weg. Ich wünschte mir ein Leben ohne Brille.

Zwei Jahre später setzte ich eines Morgens meinen ungeliebten Begleiter einfach nicht mehr auf, vielmehr: ich nahm die Brille auf dem Weg zur Schule ab, damit meine Mutter davon nichts mitbekam. Ich hatte auch keine Befürchtungen, dass ich im Unterricht nichts von der Tafel lesen könnte. In mir ruhte die Überzeugung und Gewissheit, dass ich ohne Brille perfekt sehen kann.
Und von dem Tag an konnte ich es. Ich brauchte keine Sehhilfe mehr. Meine Sehkraft wurde sogar von Jahr zu Jahr besser. Selbst heute, mit weit über 30, benötige ich nur ganz selten eine Brille. Selbst Autofahren darf ich ohne.

Alan

Auch Birgit hat sich von der Diagnose eines Arztes nicht unterkriegen lassen, sondern an ihre eigene Wunschkraft geglaubt und diese für sich arbeiten lassen.

## *Wie Birgit sich zwei gesunde Kinder gewünscht hat*

Lieber Pierre,

ich habe eine kleine Wunschgeschichte. Nein, eigentlich keine kleine, sondern eine ganz große. Ich habe mir meine beiden Kinder gewünscht. Das ist nichts Besonderes? Für mich doch. Denn mein Arzt sagte mir, dass ich keine Kinder bekommen könne.

Nun, ein Jahr nach dieser Diagnose bin ich schwanger geworden. Es ist ein wunderschönes Mädchen geworden mit einem Geburtsgewicht von 4650 Gramm.

Mein Sohn ist sieben Jahre später geboren. Es war eine Risikoschwangerschaft, weil sich bei mir in der Zwischenzeit Diabetes eingestellt hat. Und dennoch: Ich habe von einem gesunden Jungen geträumt und habe mir keine Sorgen um diese Schwangerschaft gemacht.

Heute bin ich glückliche Mutter mit zwei gesunden Kindern. Gibt es noch mehr zu sagen?

Birgit

# Auf der Gewinnerseite
## des Lebens stehen

Bei Gewinnspielen haben alle die gleichen Chancen. Sagt man. Aber stimmt das wirklich?

Zumindest scheinen Gewinnspiele für das Gesetz der Resonanz die einfachste Möglichkeit zu sein, uns unsere Wünsche zu erfüllen.

Warum ist das so? Ganz einfach: Weil wir auf diese Weise die Erfüllung unseres Wunsches am leichtesten annehmen können.

Ob wir verreisen wollen, ein Auto brauchen oder uns Geld wünschen: Wenn wir dies alles bei einem Preisausschreiben gewinnen, können wir die Lieferung des Gewünschten ohne Vorbehalte oder Argwohn annehmen. Wir müssen nicht fürchten, in der Schuld eines anderen Menschen zu stehen, und sind auch zu keinerlei Gegenleistung verpflichtet. Wir sind eben ein Glückspilz, den andere bewundern und beneiden.

Allerdings müssen wir auch wirklich offen für diese Art der Lieferung sein. Wir dürfen unsere Wünsche nicht im Vorfeld selbst begrenzen.

Werden wir zum Beispiel gefragt, wohin wir gerne reisen würden, denken wir sofort daran, was wir uns leisten können. So aber funktioniert das Wünschen nicht.

Beim Wünschen brauchen wir uns keine Gedanken über die Lösung unseres Wunsches zu machen. Das Gesetz der Resonanz zieht die beste, einfachste und schnellste Lösung in unser Leben. Alles, was wir tun müssen, ist, es uns zu wünschen.

Wenn es keine Begrenzungen gäbe; wenn du nicht auf das Geld achten oder dir überlegen müsstest, wie du dir die Reise überhaupt ermöglichen könntest; wenn du dir also keine Gedanken machen müsstest: Wohin würdest du gerne reisen?

Nach Barbados oder in die Karibik? Nur zwei Beispiele von Tausenden. Solche Wünsche gehen täglich in Erfüllung! Vielleicht auch bald bei dir.

Bei Elvira jedenfalls war der Wunsch nach einer Reise so groß, dass sie gleich zweimal eine gewann.

## *Per Traumschiff in die Karibik*

Lieber Pierre Franckh,

das Bestellen von Parkplätzen hat eigentlich schon seit Jahren recht gut funktioniert. Aber das, was nunmehr passiert ist, übertrifft alles – zumindest für mich.

Ich muss zunächst ausholen, damit Sie verstehen, warum ich so heftig auf Ihr Buch reagiere:

Vor etwa neun Jahren haben mein Exmann und ich uns getrennt. Seither lebe ich mit meinen vier Kindern alleine. Um unseren Lebensunterhalt verdienen zu können, habe ich meine Selbstständigkeit von zu Hause ausgeübt, damit die Kinder versorgt sind und nicht vernachlässigt werden. So konnte ich sowohl vormittags arbeiten, wenn sie im Kindergarten waren, als auch nachts, wenn alles schlief. Auf Jahre zehrt das schon sehr, aber ich will mich nicht darüber beklagen.

Einen Urlaub mit meinen Kindern konnte ich mir schlichtweg nicht leisten.

In den letzten zwei Jahren war ich eigentlich nur noch »fertig«. Ständig müde, gereizt, übellaunig, ja, und dann auch noch ungerecht. Mehr und mehr wünschte ich mir einen Urlaub herbei.

Ende August, nach verregneten sechswöchigen Sommerferien und angesichts schlecht gelaunter Kinder, weil wir nicht ein einziges Mal etwas Tolles unternommen hatten, packte mich die Wut. Ich kaufte zehn Postkarten und begann, meine gelösten Kreuzworträtsel zu versenden, um an einer Verlosung teilzunehmen. Ohne bewusste konkrete Wunschvorstellung – einfach so.

Knapp zwei Wochen später bekam ich die Mitteilung, dass ich eine Reise nach Ibiza gewonnen hätte – allerdings ich alleine.
Ohne meine Kinder fahre ich nicht. Also habe ich bei der Redaktion angerufen. Dort verwies man mich an das zuständige Reisebüro und ich buchte – Geld hin oder her – für meine Kinder für die Herbstferien nach. Meine Kinder freuten sich riesig und ich natürlich auch. Meine großen »Damen« (16 und 14 Jahre alt) freuten sich auf Ibiza, Disco, Highlife und Trallala. Ich wollte eigentlich nur Ruhe. Und so kam es.

Wir landeten in einer Bucht im Norden, weit abseits von allem Trubel.
Es gab keine Hotelanimation, keine hoteleigene Disco, lediglich ein einziges Nachbarhotel – auch ohne Trubel. Bingo!, dachte ich und genoss die

unendliche Ruhe und das Meer direkt vor dem Hotel: Mit Meeresrauschen einschlafen und mit Meeresrauschen aufwachen.

Kurzum, wir kamen alle glücklich und zufrieden – und ich sehr erholt – nach acht Tagen wieder zu Hause an. Ich hatte natürlich Berge von Post und sortierte schon einmal vor.
Da gab mir meine Tochter einen großen Umschlag eines Versandhauses. Auch hier hatte ich an einem Preisausschreiben teilgenommen, und zwar nachdem ich einen Teil Ihres Buches gelesen hatte. Der Hauptpreis war eine Reise mit einem sehr bekannten Kreuzfahrtschiff. Einzelheiten hatte ich mir nicht gemerkt; ich hatte nur immer gesagt, dass ich einmal auf diesem Traumschiff Urlaub machen möchte.

Nachdem ich Freunden von meinem Ibiza-Gewinn erzählt hatte, sagte ich auch immer: »Und die große Schiffsreise gewinne ich auch!« Nicht »möchte« oder »hätte gerne« – nein, ich sagte immer: »*Ich habe!*« Wie mich alle Freunde und Bekannten angeguckt haben, muss ich sicher nicht berichten. Ja, und in diesem Umschlag war dann ein Schreiben des Versandhauses mit der Gratulation zum Hauptgewinn: 14 Tage auf diesem noblen »Dampfer« – und dann auch noch in die Karibik.

Mir war schlecht, schwindelig und anders. Ich hatte tatsächlich gewonnen – was mir im Übrigen zunächst kaum einer geglaubt hat. Nunmehr sind alle Reisedaten festgelegt, und demnächst werde ich in die karibische See stechen.

Ja, das ist – wie meine Kinder immer sagen – der Hammer! Ich hatte ja so meine Zweifel ... Bestellen – ja klar ... Geht doch gar nicht – so ein Quatsch usw. Aber nun traue ich mich kaum mehr, weitere Bestellungen zu äußern. Nach neun Jahren ohne Partner wäre das ja mittlerweile mehr als ein Wunsch, aber kann man das bestellen?

Elvira

Ja, liebe Elvira, das kann man. Blättere einfach noch mal ein bisschen zurück zu den Partnerwünschen.

Prima, wir können verreisen, auch ohne Millionär zu sein, auch ohne ein gewaltiges Bankkonto zu haben. Man muss auch kein Glückspilz sein. Man muss nur an sein Glück glauben. In dieser Welt ist schließlich alles in Fülle vorhanden. Doch verteilt wird immer nur auf Nachfrage.

Ramona zum Beispiel hat nachgefragt und bekommen. Sie hat die eintreffende Energie sogar bereits lange vor der Erfüllung des Wunsches gespürt. Wenn wir das Eintreffen bereits spüren, sind wir durch und durch davon überzeugt, das Gewünschte zu erhalten. Wie wir bereits wissen, sind unsere Überzeugungen die messbar stärkste Wunschenergie, die wir überhaupt in die Welt senden können.

Kein Wunder, dass sich die eigentlichen Gewinner der Reise nicht als Gewinner gefühlt und den Gewinn weitergegeben haben. Ist doch klar, wenn der Gewinn bereits Ramona gehört, schon lange bevor der Preis überhaupt gezogen wurde.

## 14 Tage Barbados

Lieber Pierre,

ich arbeitete bei einem Reiseveranstalter für Fern-
reisen, und diese Firma lud mal wieder zu einer
Weihnachtsfeier ein. Alle Mitarbeiter wurden gebeten, jeweils von zu Hause zwei gebrauchte, aber
gut erhaltene Kinderspielsachen für arme Kinder
in Rumänien mitzubringen – für einen Spenden-
transport zu einem dortigen Kinderheim. Obwohl ich sonst solche großen Feiern nicht leiden
konnte (damals ca. 130 Mitarbeiter) und auch
noch an keiner Feier teilgenommen hatte, »wusste« ich in dem Moment, dass ich eine Reise bei
der Tombola gewinnen würde.

Der Abend der Weihnachtsfeier kam. Übrigens
gab es 20 Reisen zu gewinnen. Als bei der Tombola bereits die 15. Reise verlost wurde und ich
noch immer nicht zu den Gewinnern gehörte,
wurde mir etwas merkwürdig. Fünf Reisen standen noch zur Verlosung. Ab der 18. Reise kam
mir das erste Mal der Gedanke, dass ich vielleicht
doch nicht gewinnen würde. Wie peinlich!
Dann kam die allerletzte Reise. Wieder wurde
nicht meine Nummer gezogen.

Nun ja, das war's wohl ...

Der Gewinner war einer der Abteilungsleiter. Er ging nach vorne, aber zu meiner Überraschung nahm er den Gewinn nicht an, da er als Abteilungsleiter sowieso ständig umherflog, um Hotelkontingente einzukaufen. Es wurde also noch eine Nummer gezogen. Wieder war es nicht meine – wieder gewann ein Abteilungsleiter. So unglaublich es klingen mag: Auch er gab die Reise gerne ab, aus genau den gleichen Gründen.

Die letzte Nummer wurde gezogen – und es war ...

... *meine*!

14 Tage Barbados, Flug und Hotelübernachtung für zwei Personen.

Ramona

Haben wir einen Wunsch ausgesandt, sollten wir uns nicht auf eine ganz bestimmte Lösung versteifen. Wir können ein Preisausschreiben oder eine Verlosung nicht zu unseren Gunsten zwingen. Aber wir können uns schon mal eine wesentlich bessere Ausgangslage verschaffen.

Wenn unser Wunsch und unsere Überzeugung stimmen und richtig ausgesandt wurden, kann die Lieferung von überall eintreffen, natürlich auch bei einem Gewinnspiel – selbst wenn an der Verlosung eine Million Menschen teilnehmen und der Gewinn ein Auto ist.

## Der »große Preis« im Fernsehen

Lieber Pierre,

gestern war ich mit meiner Frau bei Deinem Vortrag in Zürich. Schon als ich Dich sah, sagte ich zu Franziska: »Der ist aber in einer tollen Energie.« Als Du dann noch erzähltest, dass Du keine Nachrichten schaust, war eine leise Diskussion im Gange, und in der Pause konnte man das Thema immer noch vernehmen. Wir haben uns die Nachrichtensendungen schon vor langer Zeit abgewöhnt; es kostet nur unnötige Kraft und

Energie. Du hast eine wunderbare Energie in den Saal gebracht und den Menschen gezeigt, was es heißt, Gedanken auszusenden, wie sie ankommen und was sie bewirken können. Das hat sicherlich viele zum Umdenken bewegt.

Wir haben vor etwa fünf Jahren auch ein Highlight erlebt. Wir waren auf der Suche nach einem kleinen Zweitwagen. Eines Samstags las Franziska die Zeitung. Sie sagte mir beim Frühstück, dass ein bestimmter Kleinwagen in der Zeitung stehe; ob der nicht was für uns wäre. Ich schaute nach: Es war offenbar eine alte Karre mit über 200 000 Kilometern, und somit hatte sich das erledigt.
Franziska sagte dann: »Heute Abend kann man bei ›Deutschland sucht den Superstar‹ einen Mini gewinnen!« Darauf ich: »Ja, sicher gewinnen wir einen Mini, wenn Millionen von Menschen da anrufen und mehrfach für ihren Kandidaten voten.«
Aber man kann ja wünschen...

Und so haben wir dreimal angerufen für insgesamt 1,47 Euro. Michelle Hunziker verkündete kurz nach Mitternacht den Gewinner – und mir zog es dann fast den Stecker! Wir hatten das Auto tatsächlich gewonnen! Erst als die ersten SMS

eintrafen, realisierten wir es. Ich schickte Stoß-
gebete zum Universum und bedankte mich dort
herzlich.

Nun möchte ich mich nochmals ganz herzlich bei
Dir bedanken. Du bist auf einem lichtvollen Weg
und ich wünsche Dir das Allerbeste!

Günter

Hier noch so ein Beispiel eines erfolgreichen Gewinnes. Interessant hierbei ist, dass Angela ihren Wunsch während der Aktion durch Aufschreiben unterstützt hat und … plötzlich alles reibungslos ging.

### *Wie sich Angela für ihren Sohn Geld wünschte*

Lieber Pierre,

ich bin gebürtige Ungarin und lebe seit 15 Jahren in Deutschland. Als alleinerziehende Mutter fehlt mir manchmal das Geld, meinem Sohn Wünsche zu erfüllen.

Nun brauchte ich Geld, um für meinen Sohn eine schöne Jugendweihe auszurichten. Wir benötigten noch mindestens 1000 Euro. Dank Deinen Büchern habe ich alles so gemacht, wie Du es beschrieben hast.
Zur selben Zeit gab es im Radio ein Gewinnspiel mit einer Gewinnsumme von 1100 Euro. Ich habe mich ans Telefon »gehängt«, aber ich kam nicht durch. Da ist mir eingefallen, dass wir unsere Wünsche aufschreiben sollen.

Also nahm ich einen Briefumschlag, der gerade vor mir lag, und schrieb darauf: »Die 1100 Euro gehören mir. Ich komme durch und gewinne.«
Mit diesem Zettel vor mir, habe ich nun weiter anzurufen versucht – und nach kurzer Zeit kam ich durch: Ich wurde gebeten, zu warten, bis sich der Moderator melde, denn ich war immer noch in einer Warteschleife. Ich wiederholte ständig, was ich auf den Zettel geschrieben hatte.
Und auf einmal war es so weit ... Ich habe die gewünschten 1100 Euro gewonnen!

Auch viele kleine Wünsche sind seitdem in Erfüllung gegangen. Ich danke Dir und dem Universum.

Angela

## Der Wunsch nach den eigenen vier Wänden

Der Vermieter meldet Eigenbedarf an ...
Ein preisgünstiges, hübsches Appartement wäre
ein Traum ...
Ein Häuschen im Grünen wäre wundervoll ...
Das Büro im neuen Industriegebiet wäre ideal ...

Wünsch es dir einfach: das ideale Zuhause, die
optimalen Räume. Deine Gedankenkraft bewegt die himmlischen Helfer womöglich sogar
dazu, dich in bisher unbekannte Gegenden zu
führen, Türen für dich zu öffnen und deinen
Garten fruchtbar zu pflegen, wie die nächsten
drei Beispiele zeigen.

Christine hatte jedenfalls eine ziemlich genaue
Vorstellung von ihrer neuen Wohnung und wollte auch jedes Detail davon erfüllt bekommen.

## Christine und ihre Wohnung mit Seeblick

Lieber Pierre,

ich brauchte dringend eine neue Wohnung. Meine bisherige war mir wegen Eigenbedarf des Eigentümers gekündigt worden. Innerhalb von drei Monaten sollte ich ausgezogen sein!

Ich schaute mir etliche Wohnungen an – alle einfach nur furchtbar, denn ich wollte in einer bestimmten Preisklasse bleiben. Ich hatte auch bestimmte Vorstellungen: Es sollte eine Wohnung mit Nordbalkon sein, weil die Sommer hier sehr heiß sind und ein Südbalkon erfahrungsgemäß für mich »Hellhäuter« einfach keine Freude ist. Dann wollte ich einen begehbaren Schrank haben, weil ich das bisher hatte und sehr genoss, und außerdem sollte die Wohnung noch eine Treppe haben. (Bitte lachen Sie nicht: Ich liebe die Vorweihnachtszeit und dekoriere im Advent gerne; besonders eine Treppe macht sich da hervorragend!) Und dann wollte ich natürlich auch noch Seeblick haben. Keine geringen Wünsche. Aber Grenzen gibt es beim Wünschen ja nicht.

Einige Tage nach dem Aussenden des Wunsches traf ich »zufällig« eine alte Bekannte, die hier mehrere Häuser hat, aber ein bisschen schwierig ist und recht harsch im Ton sein kann. Als ich schon grüßend an ihr vorbei war, sagte mir eine innere Stimme: »Du musst sie fragen!« Ich also kehrtgemacht und ganz einfach gefragt: »Haben Sie zufällig eine Wohnung frei?«

Sie: »Aber ja, kommen Sie gleich morgen zum Anschauen!«

Gesagt, getan. Und was glauben Sie? Alle meine gewünschten Kriterien waren gegeben. Ich stand in meiner Traumwohnung: eine superschöne Dachwohnung mit Nordbalkon, mit einem kleinen Raum, der zu einem begehbaren Schrank wurde, mit einer Treppe und mit Seeblick und zum erschwinglichen Preis.

Es ist nahezu unglaublich! Mittlerweile trainiere ich eifrig mit den Wunscherfüllungen: erst kleinere Wünsche, die so jeden Tag »anfallen«, und endlich traue ich mich auch an größere Wünsche.

Christine

Der nächste Wunsch ist ebenfalls so ein wundervolles Beispiel dafür, was wir mit unserer Gedankenkraft alles erreichen können.

Viele von euch kennen sicherlich Findhorn, den Ort im Nordosten Schottlands. Dort haben Peter und Eileen Caddy vor über 40 Jahren eine spirituelle Gemeinschaft gegründet, die gemeinsam durch Gedankenkraft und mithilfe von Naturgeistern in einer absolut kargen Gegend eine beispiellose Gartenlandschaft entstehen ließ. Noch heute besuchen jährlich Tausende von Menschen diesen auf der Welt einmaligen Ort.

Da liegt es doch eigentlich nahe, auch in seinem eigenen Garten das Gesetz der Resonanz für sich arbeiten zu lassen. Beatrix hat sich mit ihrem Wunsch jedenfalls so ein kleines Findhorn geschaffen.

### Beatrix und ihr Wunsch nach einem Wundergarten

Lieber Pierre,

im ersten Sommer nach unserem Umzug in ein neues Holzhaus gab es hier noch keinen Garten, am Ende des Grundstücks aber einen Wall aus der Muttererde, die bei der Aushebung für den Bau des Kellers angefallen war. Während der zehnwöchigen Bauzeit des Hauses weilte ich meist hier – zwischen den beiden Wohnorten liegen 133 Kilometer. Und eines Tages warf ich die in unserem früheren Zuhause gesammelte, fertige Komposterde – also jene vom eigenen Komposthaufen – ritualartig über diesen Wall. Ich wollte Erde von dem Leben der letzten 23 Jahre, von uns sozusagen selbst erzeugt, hierher transplantieren, ein Stück Heimat von dort nach hier bringen, und ich freute mich dabei riesig.

Nicht schlecht staunte ich, als bald nach unserem Einzug inmitten der Wildkräuter à la Gartenmelde und Ähnlichem, die den ganzen Wall überwucherten, doch einige Kulturpflanzen wuchsen: eine Hokkaido-Kürbispflanze und diverse Tomatenpflanzen. Der Clou war: Ich hatte Samen für Hokkaidopflanzen gekauft, doch die sind heute noch im geschlossenen Tütchen ...
Normalerweise haben Kürbispflanzen ein paar Früchte, vielleicht drei bis sechs Stück. Aber an dieser hier – und ich habe mir immer Kürbisse im Garten gewünscht – prangten 22 reife Kürbisse, außerdem weitere kleinere, die man quasi als

Zucchini-Ersatz essen konnte, ganz abgesehen von den (männlichen) Blüten, mit denen wir den täglichen Salat dekorierten und genossen. Für mich war das ein sicheres Zeichen von oben, dass die Entscheidung, hierher zu ziehen, goldrichtig war. Kürbisse, vor allem die riesigen, etwas breiten, erinnern mich an Cinderella, die in einer Kutsche in Kürbisform (grande citrouille) ins Glück fuhr ...; ich sehe ein Bilderbuch aus meiner Kindheit vor mir. Kürbisgewächse sind für mich daher gleichsam ein Symbol für Wohlstand.

Beatrix

Hier kommt noch eine fantastische Geschichte einer Wunscherfüllung.

Doris sah im Internet ein Haus auf der anderen Seite der Erde und sagte – ohne zu wissen, um welche Gegend es sich genau handelt –, dass sie dort wohnen wolle.

Kann sich so ein Wunsch überhaupt erfüllen? Kann unsere Wunschenergie uns überhaupt dorthin führen, auch wenn wir nicht gezielt suchen?

## Ein Traumhaus auf der anderen Seite der Erde

Lieber Pierre,

mein Mann, unsere Tochter und ich sind vor einigen Jahren nach Melbourne umgezogen, da mein Mann von seiner Firma dorthin versetzt wurde. Bevor es losging, habe ich mich natürlich schon im Internet dort umgesehen; ich wollte wissen, wie die Häuser aussehen, wie man da wohnt etc. Ich muss zugeben, die meisten Häuser gefielen mir nicht – bis ich eines Tages ein richtig tolles Haus fand. Es war natürlich viel zu teuer, aber es gefiel mir so gut, dass ich immer wieder auf die-

se Seite ging, um es mir anzusehen. Man konnte sich auch die Gegend darum herum anschauen, es war ein Fluss zu sehen und viele Bäume.
Dort wollte ich wohnen. So ein Haus sollte es sein.

Na ja, irgendwann waren wir dann in Australien, wo wir auf Wohnungssuche gingen, und bald fanden wir auch ein Haus; allerdings gefiel mir die Gegend nicht wirklich.

Etwas später – wir wohnten noch im Hotel – fuhr ich mit einer neuen Bekannten, die mich abgeholt hatte, um mit ihr auf eine Ausstellung zu gehen, über eine Brücke. Ich sah mich um und dachte noch bei mir: Wow, das ist ja eine schöne Gegend; hier würde es mir aber gefallen. Es war schön grün und der Fluss war palmengesäumt – ganz anders als alles, was ich bis dahin gesehen hatte. Es war nur ein kurzer Moment, und schon waren wir weiter. Ich hatte keine Orientierung, wo wir uns befanden.

Kurz bevor wir in »unser« Haus ziehen sollten, bekam ich plötzlich Panik, da mir die Gegend überhaupt nicht gefiel. Ich machte mich also noch einmal intensiv auf die Suche, obwohl es ziemlich aussichtslos war. Ich sah mir eine Menge Häuser an, aber es war nichts Passendes dabei. Irgendwann rief ich bei einer neuen Immobilienagentur an und teilte mit, was ich mir vorstellte. Ich hatte eine Liste, die es im Grunde fast unmöglich machte, dass sie etwas Entsprechendes zur Verfügung hatten. Doch die Dame meinte nur: Ja, sie habe da etwas, das ich mir unbedingt ansehen sollte; es seien gerade die Handwerker da, weil es auf Vordermann gebracht werde. Sie wolle mir den Preis noch nicht sagen; ich solle es einfach mal anschauen.

Ich hatte keine große Hoffnung, fuhr aber doch hin, trat ein – und es war Liebe auf den ersten Blick! Die Aussicht war grandios; das Haus sah neu und frisch aus und passte rundherum. Nur der Preis war uns zu hoch.

Etwas traurig rief ich bei der Agentur an, da ich keine Hoffnung hatte, dass das Haus das unsere werden würde, und nannte die Summe, die wir bezahlen konnten. Ein kurzer Anruf der Agentin bei den Vermietern, und es war okay! Wir hatten unser Traumhaus!

Die größte Überraschung kam aber noch. Eine Weile später fand ich nämlich heraus, dass es zwar nicht das Haus war, das ich im Internet gefunden hatte, aber genau das Haus *daneben* – mit einer viel schöneren Aussicht!

Ohne dass ich danach gesucht hatte, hatte mich die Wunschenergie dorthin geführt. Und es lag überdies in der Gegend, die ich gesehen hatte, als ich mit meiner Bekannten vorbeifuhr und mir dachte, wie schön es hier sei. So viele Zufälle kann es nicht geben, nicht wahr? Das muss wohl meine Wunschenergie gewesen sein.

Doris

## Vermisst und wieder zurückgewünscht

Wer kennt das nicht? Das Armband, ein geliebtes Erbstück von Oma, muss sich auf dem Heimweg von der Party vom Handgelenk gelöst haben. Wie findet man es nur wieder? Und was macht eigentlich die alte Schulfreundin? Wie kann man ihr wieder begegnen? Und die geklauten Ohrringe, wie bekommt man sie wieder?

Vermisst und gefunden ... Das Universum hilft auf Anfrage liebend gerne beim Aufspüren – was auch immer es sei. Solche Beispiele gibt es Tausende. Hier sind stellvertretend für alle anderen schon mal drei.

### *Wie sich Veronika gestohlene Ohrringe zurückwünschte*

Lieber Pierre,

im Juli 2008 verbrachten wir unsere Ferien in Kärnten. Seitdem meiner Mutter vor Jahren im Urlaub

Schmuck gestohlen wurde, nehme ich nur noch Modeschmuck mit. Diesmal habe ich zu Hause beim Einpacken meine goldenen Halbkugeln in der Hand gehalten und mir gedacht: Was soll's, das sind meine Lieblinge, die nehme ich mit.

An einem Morgen im Hotel wollte ich sie zuerst anlegen, habe sie aber doch wieder zurückgelegt und mich für andere, weniger auffällige entschieden. Ich muss noch anmerken, dass ich den Schmuck in einer kleinen Tasche im Nachtkästchen aufbewahrt habe.

Als ich am Abend in mein Täschchen schaute, fehlten die goldenen Ohrringe! Mein Mann meinte: »Die hast du halt woanders hingelegt.« Daraufhin habe ich gesucht und gesucht, aber ich war mir ohnehin sicher, dass ich sie am Morgen zurückgelegt hatte. Trotzdem leerte ich sogar meine Badetasche total aus. *Nichts!* Aber das waren doch meine Lieblinge!

Vor dem Schlafengehen habe ich mir gewünscht: »Meine goldenen Halbkugel-Ohrstecker kommen zu mir zurück! Danke, dass meine goldenen Ohrstecker zu mir zurückkommen – wie auch immer!«

Am nächsten Tag gingen wir zum Frühstück. Im Zimmer nebenan war die Reinigungsfrau. Irgendwie zog es mich zu ihr hin und ich sagte: »Bitte, ich glaube, ich habe meine Ohrstecker verlegt. Könnten Sie wohl so gut sein und beim Saubermachen schauen, ob Sie sie entdecken?«

Sie: »Wo? Im Bad?«

Ich: »Ich weiß nicht, wo.«

Eigenartig ist mir vorgekommen, dass sie nicht einmal fragte, wie sie aussehen ...

Am Nachmittag des nächsten Tages ging ich schwimmen, und als ich aus dem Wasser stieg und den Kabinenschlüssel aus der Badetasche nehmen wollte, blinkte dort etwas Goldenes. Meine Ohrringe! Sie waren zu mir zurückgekommen. War das schön!

Das Zimmermädchen nahm sich am nächsten Tag für eine Woche frei ... Warum eigentlich?

Veronika

Die neuesten wissenschaftlichen Erkenntnisse beweisen zweifelsfrei, dass wir durch unsere Gedanken, Gefühle und Überzeugungen ein Resonanzfeld aufbauen. Und alles – alles auf dieser Welt –, was mit diesem Resonanzfeld mitschwingen könnte, wird von dieser Schwingung ergriffen und kann gar nicht anders, als mitzuschwingen.

Wenn wir also jemanden durch unsere Gedankenkraft an uns ziehen wollen und diese Person mit uns gleichschwingt, werden wir mit ihr zusammenkommen – gleichgültig, wann wir uns das letzte Mal gesehen haben und wo dieser Mensch jetzt gerade weilt.

Genau diese wundervolle Erfahrung durfte Dominica machen. Wie dies physikalisch möglich ist, beschreibe ich recht ausführlich in meinem Buch »Das Gesetz der Resonanz«. Daher möchte ich hier nicht ausführlicher darauf eingehen. Lassen wir lieber Dominica zu Wort kommen.

### *Was macht eigentlich meine alte Schulfreundin?*

Lieber Pierre,

die besten Erfolge habe ich bisher mit Wünschen erzielt, die unbewusst gedacht waren und nicht als Wunsch klar von mir formuliert wurden. Und genau diese Lieferungen hauen mich dann um, weil sie so wunderbar »ungewöhnlich« ausgeliefert werden.

Hier nun meine Geschichte: Ich hatte eine liebe Schulkameradin, die ich früher gelegentlich auf der Straße getroffen hatte, aber man vergaß, Telefonnummern auszutauschen, und verlor sich aus den Augen.
In den letzten Tagen dachte ich plötzlich an sie und fragte mich, was sie wohl machte und wie es ihr ging. Und dachte so bei mir: Mensch, hätte ich doch nur ihre Telefonnummer!
Damit war der Gedankengang auch vorbei und ich vergaß es.

Einige Tage später war ich mit meinem Auto auf dem Weg nach Hause. Kurz vor der Tankstelle ging die Reserveleuchte an, sodass ich an die

Zapfsäule fuhr. Nachdem ich getankt hatte und mit Karte bezahlen wollte, sagte mir die Kassiererin, dass es ihr leid tue, aber das System sei momentan komplett abgestürzt und ich könne nur bar bezahlen. Unglücklicherweise hatte ich aber kein Bargeld dabei. Ich ließ meinen Personalausweis da und holte Bargeld. Nach 15 Minuten war ich wieder in der Tankstelle und beglich meine Schulden.

Gerade wollte ich ins Auto einsteigen, um wegzufahren, da hörte ich jemanden meinen Namen rufen. Ich drehte mich um – und da stand meine alte Schulfreundin freudestrahlend vor mir. Hätte das System nicht gestreikt und hätte ich doch Bargeld dabei gehabt, hätten wir uns nicht getroffen!

Wir tauschten diesmal unsere Telefonnummern aus und haben seitdem wieder regelmäßig Kontakt. Der Witz ist außerdem: Als wir uns trafen, meinte sie, noch bevor ich irgendetwas sagen konnte, sie habe in den letzten Tagen an mich denken müssen und hoffte, mich endlich mal wiederzusehen! Na, so ein Zufall …

Danke, liebes Universum, danke, lieber Pierre. Hätte ich Deine Bücher nicht gehabt, hätte ich zwar gedacht: Okay, das ist eine schöne Fügung des Schicksals! Aber ich wäre nie auf die Idee gekommen, dass *ich* es gewesen bin, die das durch ihren Glauben und ihren Wunsch geschafft hat.

Dominica

Hier noch ein kleines Beispiel, wie exakt und zielgerichtet das Gesetz der Resonanz arbeitet.

## *Die heiß geliebte Kette zurückgewünscht*

Lieber Pierre,

vor ein paar Jahren hatte ich die Möglichkeit, mir einen großen Wunsch zu erfüllen: Ich konnte Buckelwale in der Karibik hautnah erleben. Als ich nach Hause kam, ging ich mit einer Buckelwalfigur zum Goldschmied und ließ eine Walflosse anfertigen. Ich trug diese Kette Tag und Nacht, Jahr für Jahr. Sie war für mich ein Symbol für diese wundervolle Erfahrung mit den Walen.
Eines Tages war die Kette spurlos verschwunden. Ich stellte meine ganze Wohnung auf den Kopf – sie war weg und ich verzweifelt. Für mich war sie halt nicht nur eine einfache Kette; es steckten so viele Erinnerungen in ihr. Ich wünschte mir, sie zu finden. (Mein Wunsch enthielt keine Zeitangabe!)

Monate später ... Es war Sommer und ich Rettungsschwimmerin in einem Freibad. Ich lief am Beckenrand entlang und beobachtete die Badegäste. Drei junge Mädchen kamen mir entgegen. Was ich dann sah, verschlug mir zunächst die Sprache: Eines dieser Mädchen hatte tatsächlich meine Kette mit der Walflosse an seinem Hals! Ich hätte quietschen können vor Freude!

Ich organisierte eine Ablösung für mich und suchte die Mädchen auf. Ich erzählte ihnen meine Geschichte und dass ich mir ganz sicher sei, dass diese Kette mir gehöre; sie bedeute mir sehr, sehr viel.

Das Mädchen erzählte mir, dass es die Kette gekauft habe, und ließ mich stehen. Schluck ...

Ich war traurig, ich war wütend und hätte am liebsten geschrien, weil ich mir vollkommen sicher war, dass dies meine Kette war. Und nun konnte ich nichts mehr tun.

Zwei Stunden später kam dieses Mädchen auf mich zu und streckte mir seine Hand entgegen. Es erzählte mir, dass es die Kette vor ein paar Wochen gefunden habe.

Ich habe vor Freude geweint und die Mädchen erst einmal zu einem dicken Eis eingeladen. Noch heute steigen mir immer wieder die Tränen in die Augen, wenn ich dieses Erlebnis erzähle. Ich bin dankbar und glücklich! Wunder geschehen ...

Heike

## Können sich Wünsche
## auch sofort erfüllen?

Wir haben nun ziemlich viele Wünschen gehört, die sich erfüllt haben. Manche wurden recht schnell erfüllt, andere brauchten einige Zeit. Da liegt die Frage nahe: Wie lange dauert es eigentlich, bis die Erfüllung des Wunsches eintrifft?
Die Antwort wird dich vielleicht überraschen: So lange, wie du es für richtig hältst!
Manchmal geht es nämlich ganz schnell und manchmal sehr langsam. Es hängt einzig und alleine davon ab, was du glaubst. Findest du, dass es schwierig ist, deinen Wunsch zu erfüllen, wird es schwierig werden. Glaubst du, dass es ein ganz großer Wunsch ist, dann kann es sein, dass du unbewusst denkst, große Wünsche brauchten eben einige Zeit, bis sie erfüllt werden. Schließlich wurde uns dies so beigebracht: Die Erfüllung großer Wünsche muss man sich erst verdienen oder schwer erarbeiten. Wenn du glaubst, dir werde nichts geschenkt, dann musst du wahrscheinlich länger warten, bis du endlich bereit bist, das Geschenk anzunehmen. Letzt-

endlich geht es stets darum, ob du wirklich offen bist, deinen Wunsch anzunehmen, und ob du glaubst, dass dir das Geschenk jetzt zusteht. Es spielt also keine Rolle, ob der Wunsch groß oder klein ist; wichtig ist jedoch, was du über ihn denkst. Dann kann er sich auch sofort erfüllen – wenn du das glaubst.

Hier ein paar Beispiele, wie schnell sich so ein Wunsch erfüllen kann.

### Ich habe Geld für meine Kinder – und zwar jetzt

Lieber Pierre,

ich hatte meinen Kindern einen Tag im Freizeitpark versprochen. Doch leider kam mir eine Rechnung ins Haus geflattert, die mich völlig überraschte und mein Konto ins Soll purzeln ließ. Meine Traurigkeit und Enttäuschung waren unendlich groß.

Meine Niedergeschlagenheit konnte ich nicht verbergen, sodass meine Kinder fragten, was mit mir los sei. Ich teilte ihnen die betrübliche Nachricht mit: kein Freizeitpark!

Meine beiden Söhne nahmen mich in den Arm und sagten zu mir: »Mama, wir lieben dich, es ist nicht so schlimm, wir machen uns auch so ein schönes Wochenende.«
Einerseits war ich auf die Reaktion meiner Söhne sehr stolz, andererseits ließ mich die Enttäuschung nicht los.

Gegen Mittag mussten mein Freund und ich noch mit dem Auto los und landeten vor einem Bahnübergang, wo gerade die Schranken heruntergelassen wurden. In meinem Kopf brummte es: Wie komme ich an Geld?
Da fiel mir Dein Buch ein: »Wünsch es dir einfach!« Also wünschte ich mir das Geld für den Freizeitpark. Und ehe ich den Gedanken überhaupt sortieren konnte, lenkte mich mein Blick auf ein kleines Stück zusammengefaltetes Papier, das ungefähr zwei Autos vor uns in der Regenrinne des Bürgersteigs lag. Der Wind wehte das kleine Stück Papier immer hin und her, als wenn es zu mir sagen wollte: ,,Hallo du, siehst du mich? Hol mich!«
In diesem Augenblick öffnete sich die Bahnschranke. Mit einem Satz sprang ich aus dem Auto, lief zum Papier, schnappte danach und spurtete zurück.

Als ich im Auto war, sah mich mein Freund an und schüttelte entgeistert den Kopf. In diesem Augenblick entfaltete ich das Stück Papier – es war ein 100-Euro-Schein. Wir konnten es kaum fassen. Ich platzte vor Freude und brachte nur noch »Danke, danke, danke!« heraus.
Für mich ist das Wunscherfüllung mit Lichtgeschwindigkeit!
Wir vier hatten einen wunderschönen Tag im Freizeitpark.

Ulrike

Wie wichtig Vertrauen manchmal ist, zeigt auch die nächste Geschichte. Cornelia vertraute der Erfüllung ihres Wunsches so sehr, dass sie einfach losfuhr. Sie war sich sicher, dass ihr das Gewünschte zufallen würde. Kein Wunder, dass es sich dann auch erfüllte.

Das Schöne an solchen kleinen »Wundern« ist aber: Obwohl wir so sicher sind, kommen uns immer wieder vor Rührung die Tränen, wenn wir vom Schicksal großzügig beschenkt werden.

### Ich habe die Konzertkarte – jetzt!

Lieber Pierre,

es ist unglaublich: Vorletzten Sonntag bin ich mit meiner Mutter in die Nachbarstadt Überlingen zu einem Matineekonzert eines jungen, schon berühmten Baritons, den ich seit Jahren kenne und der eine traumhafte Karriere gemacht hat. Meine Freundin wollte gerne mitkommen, hatte aber keine Karte reserviert.

Das Konzert war total ausverkauft; es gab sogar noch ein Abendkonzert – ebenfalls ausverkauft. Am Abend davor schickte ich meinen Wunsch für eine Karte »nach oben« – am Morgen noch einmal. Wir fuhren los, meine Freundin kam gleich mit – so sehr vertraute sie meiner Wunschkraft!

Als wir ankamen, war ein riesiger Andrang – ausverkauft. Ich hatte die Karten für meine Mutter und mich im Internet ausgedruckt.
Da entdeckte ich den Vater des Sängers, den ich ebenfalls gut kenne; wir wohnten jahrelang im gleichen Ort bei Basel und ich war dort auch Gast im Haus gewesen. Ich begrüßte ihn und sagte so nebenbei: »Schön, dass beide Konzerte ausverkauft sind. Nur leider hätte meine Freundin Ihren Sohn auch gern erlebt.«
Prompt streckte er mir eine Karte entgegen mit den Worten: »Das ist die letzte Freikarte. Sie ist für Ihre Freundin!«
Mir kamen fast die Tränen und meiner Freundin auch, als ich ihr die Karte überreichte. Das Konzert war ein Hochgenuss und brachte uns ungeheuer viel Energie.

Cornelia

Alles schiefgelaufen. Nichts geht mehr. Die Lage scheint hoffnungslos.

Meist vergessen wir gerade dann zu wünschen, wenn wir es am dringendsten nötig hätten. Meist bauen wir stattdessen in unserer Not eine Kette von negativen Gedanken auf, die uns noch tiefer in die Hoffnungslosigkeit treiben. Aber es geht auch umgekehrt. Probiere es aus! Wünsch doch mal, wenn die Lage kritisch wird.

### *Wie sich Angela in ihrer Not etwas zum Essen wünschte – und zwar sofort*

Hallo Pierre,

ich bin ein regelrechter Wanderfreund und liebe es, in der schönen Jahreszeit durch die Landschaften des Sauerlandes zu wandern. Eine meiner Lieblingstouren führt über Felder, Wiesen, sehr kleine Ortschaften mit nur zehn Häusern und durch viele Waldgebiete. Es ist meine längste Strecke (ca. 7 Stunden) und auch die einsamste, aber eben landschaftlich sehr schön. Allerdings gibt es auch ein einsam gelegenes Waldhotel, in dem man wunderbaren Kuchen bekommt. Dieses Lokal ist stets mein erstes großes

Ziel. Es hat gleichzeitig die Bedeutung, dass der schwierigste Teil (endlose Aufstiege) hinter mir liegt und ich von hier an nur noch drei Stunden bis zum Auto brauche.

An einem schönen Samstagmorgen bin ich sehr früh los und war um 8 Uhr mit Rucksack und Wanderschuhen unterwegs. Es versprach ein sehr heißer Tag zu werden.
Irgendwann unterwegs kam mir der Gedanke, vielleicht hätte ich mich besser erkundigt, ob dieses Waldhotel überhaupt noch geöffnet ist; schließlich ist es jetzt ein Jahr her, dass ich hier war. Ich habe den Gedanken dann aber fallen lassen und bin weitermarschiert.

Mein Entsetzen und meine Enttäuschung waren sehr groß, als ich nach meinem Endlosaufstieg ein großes Schild am Hotel vorfand: »Zu verkaufen.« In mir stieg auch die Sorge hoch, wie es nun weiterging: Ich hatte nicht mehr genug Wasser für drei Stunden Marsch; Hunger hatte ich auch, da ich nur ein wenig Obst mithatte (schließlich wollte ich ja Kuchen und Salat essen). Also was nun? Mich hinsetzen und heulen? Mir war zwar danach zumute, nur was sollte es bringen? Ein Taxi rufen mit dem Handy? Ich wusste ja gar nicht, wo ich war, und vor allem kannte ich den Weg zu meinem Auto nur per Wanderstrecke.

Ich habe mich erst mal auf die nächstbeste Bank gesetzt und die Aussicht ins Tal genossen. In dieser Stille, die sich dann auch in mir ausbreitete, habe ich mir gewünscht: »Lieber Gott, ich wünsche mir eine Lösung für meine jetzige Situation!« Was für mich sehr entscheidend war: Ich ging weiter mit dem Gedanken, es ist alles gut und es gibt eine Lösung! Ich wünschte mich nicht etwa weg aus dieser momentanen Situation. Ich habe nicht gegen meine Lage angekämpft, sie verurteilt oder verflucht. Es hätte ja absolut nichts gebracht.

Und mit diesem schon fast freundschaftlichen Gefühl kam ich zu einem Feldweg, der in ein Waldstück führte. Als ich den Anfang des Waldes erreichte, traute ich meinen Augen nicht: Rechts von mir war eine Waldlichtung, und auf dieser Fläche waren mehrere große Bundeswehrzelte aufgebaut, in denen Getränke und Essen ausgeteilt wurden. Auf der Rasenfläche davor standen unendlich viele Motorräder. Bei näherem Hinsehen wurde mir klar, dass es sich hier um ein Treffen von Motorradfahrern handelte.

Erst wollte ich weitergehen, denn die Leute waren mir recht unheimlich, aber dann dachte ich mir: Du bist ja verrückt – so eine Gelegenheit bekommst du nie wieder, und das ist die Lösung, um die du gebeten hast! Also habe ich allen Mut zusammengenommen und bin auf die Zelte zugegangen.

Was soll ich sagen? Mein Essen habe ich geschenkt bekommen und meinen Liter Bier (alkoholfrei) habe ich gemütlich auf dem Rasen sitzend unter all den »schweren Jungs und Mädels« getrunken. Besser hätte es nicht sein können. Und ehrlich, mich hat niemand schräg von der Seite angesehen – ganz im Gegenteil. Als krönenden Abschluss bekam ich sogar noch ein paar Süßigkeiten mit auf den Weg.

Angela

Was tun, wenn man sich eine neue Wohnung wünscht, aber das Geld für die Provision nicht hat? Na klar: wünschen!

## Eine neue Wohnung und die Provision bitte gleich dazu

Lieber Pierre,

ich möchte von meiner Wunscherfüllung berichten, von der ich damals nicht wusste, dass es eine war ...

Vor vielen Jahren kam ich an einem Neubau vorbei, an einem Park gelegen, ganz oben Appartements mit Dachterrasse. Ich schaute mir das Haus an und wollte eine dieser Wohnungen. Wohnraum war zu der Zeit knapp und teuer. Trotz Abo kaufte ich mir am Abend die Zeitung für den nächsten Tag. Im Immobilienteil fand ich die betreffende Annonce und rief sofort an. Ich erklärte, dass dies »meine« Wohnung sei. Die Frau am Ende der Leitung lachte über meine Bitte, niemand anderem die Wohnung zu zeigen, bevor wir uns nicht dort getroffen hatten. Doch sie willigte schließlich ein.

Zwei Tage später hatten wir den Termin; wir sahen uns, die Chemie stimmte. Wir vereinbarten die Unterschrift des Mietvertrags für Samstag. Miete 1800 DM, Provision 5400 DM. (Das Geld für die Provision hatte ich nicht.)

Am Samstagmorgen war ich einkaufen. Ein Freund, für den ich einen Lottoschein abgegeben hatte, schenkte mir diesen mit einem Kleingewinn: rund 20 DM. (Ich selbst hatte bis dahin nie Lotto gespielt.) Ich setzte *alles* und spielte auch Lotto.

Als ich nach Hause kam, lag bereits der Mietvertrag im Briefkasten.
Am Abend sah ich mir die Ziehung der Lottozahlen an. Ich gewann 5438 DM! Ich konnte diesen »Zufall« kaum fassen. Heute weiß ich, dass dieses unglaubliche Gefühl des »Bereits-dort-glücklich-Wohnens« das alles Entscheidende war.

Kornelia

Auch Geldwünsche können sich demnach sofort erfüllen. Nicht immer müssen wir endlos warten. Auch hier ist es nur eine Frage unserer Überzeugung und Fähigkeit, der Kraft unserer ausgesandten Energie zu vertrauen.

Und natürlich gilt es hier ebenso, offen zu sein für alle Chancen und sich nicht eine ganz bestimmte Lösung vorzustellen. Ansonsten beschneiden wir den Fluss unserer Energie.

Anke zum Beispiel war es egal, wie sich ihr Geldproblem lösen würde. Sie war für alle Möglichkeiten offen. Hauptsache, die Lösung kam.

## *Wie sich Anke die Schulden auf dem Bankkonto wegwünschte*

Lieber Pierre Franckh,

mein größter Wunsch, der bisher in Erfüllung ging, drehte sich um mein Bankkonto, das momentan mit 1640 Euro im Minus war.

Das Problem löste sich von heute auf morgen, als mich eine Frau von der Krankenkasse anrief und mir mitteilte, dass ich vor vier Jahren bei meinem damaligen Arbeitgeber vier Jahre lang zu viel in die gesetzliche Krankenkasse eingezahlt hätte und deshalb jetzt einen Betrag von 1643 Euro zurückbekommen würde.

Es ist unglaublich, aber wahr. Deshalb denke ich oft an Sie, weil ich das Prinzip der Anziehung jetzt verstanden habe. Und das Tolle ist: Es ist so leicht! Auch mit dem Abnehmen. Ich habe bereits mein Wunschgewicht nur durchs Wünschen. Aber das ist eine andere Geschichte.

Danke, danke und nochmals danke!

Anke

Als ich Inès und ihren Mann das erste Mal in einem meiner Seminare sah, wusste ich sofort, da haben sich zwei fürs Leben gefunden: voller Lebensfreude, voller Liebe zueinander, mit so viel Humor und Fürsorge. Was ich damals noch nicht wusste: Inès hatte sich ihren Partner ebenfalls gewünscht.

*Inès wünschte sich nichts sehnlicher als einen Partner an ihrer Seite – zwei Tage später hatte sie ihn*

Lieber Pierre,

ich erinnere mich heute noch, als wäre es gestern gewesen ... Ich steckte in meiner wohl größten Lebenskrise – mit 34 Jahren. Ich hatte mit meinem damaligen Partner einen eigenen Laden eröffnet: Alles im Vorfeld war meine Arbeit, mein Schweiß, mein Geld, das darin steckte. Das war im November. Ich war der glücklichste Mensch (dachte ich). Ich hatte meinen Traum vom eigenen Laden verwirklicht, einen Mann, mit dem ich alt werden wollte, ein wunderschönes Zuhause. Doch das war ein Trugschluss, denn nur wenige Tage nach der Ladeneröffnung eröffnete mir mein damaliger Partner (43) nach fast zehn Jahren Partnerschaft, dass er unsere Beziehung beende; er hatte seit einiger Zeit eine Freundin, 22 Jahre jünger.

Es kann wohl keiner nachempfinden, was da mit einem passiert, wenn er nicht schon selbst Ähnliches erlebt hat. Ich konnte es nicht fassen, ich war ausgebrannt und leer. Mit einem Schlag verlor ich alles: meinen Mann, mein Zuhause und auch meinen Laden, denn leider hatte ich ihm vertraut und ihn als Geschäftsinhaber eintragen lassen.

Ja, und dann kam der 12. Dezember ... Ich war mit meiner Mama, die zum Glück einige Wochen zur seelischen Unterstützung bei mir weilte, auf dem Weihnachtsmarkt in Ludwigsburg. Mitten auf dem Marktplatz zwischen den geschmückten Buden steht ein grün beleuchteter Brunnen. Ich war an diesem Tag am Boden zerstört, traurig, mutlos, hoffnungslos. Ich wünschte mir nichts sehnlicher als einen Partner an meiner Seite, an den ich mich anlehnen konnte und durch den ich wieder Licht und Hoffnung für die Zukunft sah, damit ich wieder lachen könnte und glücklich wäre.

Und da sah ich den Brunnen. Ich nahm eine Münze, und während ich meinen Wunsch versandte, warf ich die Münze in den Brunnen.

Am nächsten Abend kam mir die Idee, doch mal im Internet in einer Partnerbörse zu schauen – nur mal so zum Spaß, versteht sich. Das hatte ich vorher noch nie getan, aber beim Wünschen soll man doch auf seine Intuition hören. Gesagt, getan. Ich hatte sehr viel Spaß an diesem Abend: Was man da so alles liest ...

... und plötzlich hatte ich Schmetterlingsalarm im Bauch!

Da war er (diese lachenden warmen Augen) – aber fast zu schön, um noch »frei« zu sein! Trotzdem: Ich schrieb um 22 Uhr eine E-Mail: »Bist Du inzwischen schon vergeben oder suchst Du noch immer nach der Liebe Deines Lebens?«

Ich verbrachte eine unruhige Nacht. Gleich nach dem Aufstehen rannte ich zum Computer ... Keine Nachricht. Hatte ich es doch gewusst: Er war bereits vergeben, hatte kein Interesse.
Aber um 10 Uhr stockte mir der Atem. Ich hatte eine E-Mail – von *ihm*. Wir mailten am Vormittag

hin und her, sandten uns Fotos – und dann kam, was kommen musste: Wir verabredeten uns für den Nachmittag auf dem Weihnachtsmarkt in Karlsruhe.

Wir haben uns gesehen und gefunden. Zwei Tage nach Aussenden des Wunsches!

Heute weiß ich, es sollte alles so kommen. Ich wohne mit ihm wieder in einem schönen Haus mit Garten, und mir geht es einfach gut.

Ja, Wünsche gehen in Erfüllung! Ich bin mit der Vergangenheit versöhnt.

Und mein ehemaliger Partner – was ist aus ihm geworden? Nun, seine 22 Jahre jüngere Freundin hat ihn letztes Jahr verlassen.

Inès

## Wenn Kinder wünschen

Sind Kinder die besseren Wünscher? Ja, unbedingt. Sie zweifeln weniger. Sie vertrauen der Kraft ihrer Wünsche und sind offen für Wunder.

Gerade dieses bedingungslose Vertrauen von Kindern verleiht den Wünschen unglaubliche Kraft. Kinder können uns auch ein gutes Vorbild sein, wenn es darum geht, sich mit allen Sinnen in die Verwirklichung des Wunsches hineinzuversetzen. Beobachte mal, wie Kinder ihre Wünsche aussenden. Sie sind perfekt im Visualisieren und im »So tun als ob«.

Von Kindern können wir also ziemlich viel lernen, was das Wünschen angeht.

## Wie sich ein Junge ein Aquarium wünschte

Lieber Herr Franckh,

die folgende Geschichte liegt nun schon ein paar Jahre zurück; ich war damals ungefähr 12 Jahre alt. Meine Mutter hatte mir von einer Methode erzählt, mit der man sich alles wünschen kann, was man will. Das war ziemlich interessant, besonders in diesem Alter.

Ich hatte zu dieser Zeit ein paar Fische als Haustiere. Da ich aber kein Aquarium hatte, waren sie nur in einer Plastikwanne in meinem Zimmer untergebracht. Insofern fand ich natürlich die Idee naheliegend, mir ein Aquarium zu wünschen. So schrieb ich meinen Wunsch auf, gab die Maße und die Literzahl an. Außerdem sollte ich es geschenkt bekommen.
Ich las den Wunsch dreimal laut meiner Mutter vor (was dem Wunsch vielleicht zusätzlichen Nachdruck gab, da ich ihn öffentlich gemacht hatte) und verstaute den Zettel anschließend in einer Schublade.

Zwei Wochen lang passierte nichts. Doch dann begleitete ich meine Mutter zu einem Augenoptiker, bei dem sie ihre Brille abholen sollte. Er hatte in seinem Verkaufsraum ein wunderschönes Aquarium, in dem viele schöne exotische Fische schwammen. Während sich die beiden Erwachsenen über die Brille unterhielten, beobachtete ich die Tiere.

Als die beiden ihr Gespräch beendet hatten, kam der Optiker auf mich zu. Er erkundigte sich, ob ich denn auch Fische zu Hause hätte. Ich bejahte, erläuterte aber auch, dass sie mangels Aquarium noch in einer Wanne schwammen.

Daraufhin sagte er zu mir mit einem Lächeln: »Da hab ich was für dich.«

Ich ging mit ihm nach hinten, wo er mir sein altes Aquarium zeigte. Er fragte mich, ob ich es haben wolle. Ich bekam nur noch glänzende Augen und freute mich riesig! Meine Mutter bot ihm Geld an, doch der freundliche Optiker winkte dankend ab.

Zu Hause angekommen, schaute ich auf meinen Wunschzettel: Die Maße und die Literzahl stimmten überein. Zudem hatte ich noch einen Heizstab und eine Filterpumpe bekommen. Ich war beeindruckt.

Ihre Bücher geben mir nun den Anstoß, wieder mit dem Wünschen zu experimentieren.

Simon

Kinder sind der Heimat ihrer Seele noch so nahe, dass manche von ihnen sogar über Wissen verfügen, das sie – unserem Verstand nach zu urteilen – gar nicht haben könnten.

Sind Menschen von ihren eigenen Qualitäten absolut überzeugt, dann fällt es ihnen oft erstaunlich leicht, Dinge auszuführen, zu denen sie vorher nicht fähig waren. Kinder haben damit meist keine Schwierigkeit – wenn wir sie nicht mit unserer erwachsenen Vernunft bei ihren intuitiven Entdeckungen bremsen.

Hier ist so ein wundervolles Beispiel, wie leicht und schnell Kinder neue Möglichkeiten des »Sehens« für sich entdecken. Mit Sicherheit fallen dir selbst noch viele solcher Gelegenheiten ein.

### Wie sich Alexa wünschte, Gedanken lesen zu können

Lieber Pierre,

ich bin gestern von einem mehrtägigen Seminar zurückgekommen, bei dem ich Dein Buch »Wünsch es dir einfach – aber richtig« gekauft und soeben ausgelesen habe. »Erfolgreich wünschen« lernte ich als ein Buch kennen, das in der Lage ist, die Leichtigkeit in das Leben zu lassen.

Ich bin bereits gesegnet mit einer wunderbaren Frau, zwei großartigen Kindern (9 und 3 Jahre alt), einem eigenen Geschäft, einem abbezahlten Haus auf über 3000 Quadratmetern Land, einem immer größer werdenden, echten Freundeskreis, weiter zunehmender innerer Freiheit und, und, und.

Der Grund meines Schreibens ist jedoch ein Erlebnis, das ich vor einer Stunde mit unserer Tochter (9) hatte:

Dein neues Buch habe ich »meinen Frauen« in der Familie als kleines Dankeschön für ihr SEIN geschenkt. Anstelle der Gutenachtgeschichte sollte ich beginnen, Dein Buch vorzulesen. Während des Lesens wünschte sich Alexa etwas, das sie noch ausprobieren wollte. Sie legte ihre Finger an meine Schläfen, und ich sollte mir eine Zahl zwischen 0 und 10 denken. Nach vielleicht 30 Sekunden sagte sie: »Sieben!«

Ich war erstaunt – es stimmte! – und wollte wissen, seit wann sie das könne.

»Seit eben. Ich habe es mir gewünscht. Man fühlt die Antwort im Bauch.«

Ich wollte es noch einmal erleben. Aus irgendwelchen Gründen bin ich von der 5 zur 4 gewechselt. Ihre Antwort: »Entweder fünf oder vier.«

Es ist wunderbar, auf welchen Ebenen wir mit unseren Kindern kommunizieren und von ihnen lernen können. Einfach eine tolle Entwicklung! Das Leben ist schön.

Udo

Es gibt beim Wünschen keine Grenzen. Und wenn es keine Grenzen gibt, warum sich dann nicht gute Noten wünschen? Das sagte sich der 11-jährige Nico. Danke für deine Mails!

## Gute Noten auf Bestellung

1. Mail am 5. April

Hallo, Herr Franckh,

vor dem letzten Deutsch-Diktat habe ich von meiner Mama die Wunschkarten geschenkt bekommen. Ich bin in Deutsch nicht sehr gut (Übungsdiktat mit 16 Fehlern). Meine Mama hat mir erklärt, wie ich mir eine gute Note wünschen kann.
Ich hab mir leider »nur« eine 2 gewünscht und habe eine 2– geschrieben. Ich zweifelte etwas, ob es wirklich klappt, deshalb habe ich mit der Zwei angefangen und ich bin so froh, dass es geklappt hat. Bin gespannt, ob die Eins in Religion kommt.

Nico

Drei Tage später kam eine weitere Mail von Nico, schon wesentlich mutiger. Und nun waren wir auch schon per Du. Na klar, als erfolgreiche Wünscher duzt man sich schließlich.

2. Mail am 8. April

Lieber Pierre,

natürlich sind wir, meine Eltern und ich, mit dem Erscheinen meiner Geschichte in einem Deiner Bücher einverstanden. Es wäre schön, wenn ich durch meine Geschichte anderen Kindern helfen könnte, gute Noten zu bekommen.

Übrigens: Ich habe mir in meiner letzten Mathe-Klassenarbeit eine 1 gewünscht und habe eine 1,6 bekommen.
Super, oder?

Ich danke Dir, dass ich durch Dich die Möglichkeit des Wünschens erfahren habe – vielen Dank!

Nico

Die gleiche Wunschstellung hatte auch Verena. Sie hat sich sogar die Bestnote gewünscht und auch bekommen. Energie ist Energie, und richtig ausgesandt gibt es keinerlei Grenzen in der Wunscherfüllung.

## *Wie sich Verena wünschte, die Mittlere Reife mit einer Eins abzuschließen*

Lieber Herr Franckh,

dieses Jahr stand für mich die Mittlere Reife an. Die Hälfte des Schuljahres war vergangen, als meine Mama auf Ihr Buch »Erfolgreich wünschen« gestoßen ist, und in Kürze hatte es die ganze Familie gelesen.
Nach und nach sammelten wir Erfolge im Wünschen: von der Parkplatzbestellung bis hin zu den gewünschten Noten in den Schulaufgaben.

Ein paar Wochen vor den Prüfungen dachte ich mir, dass ich mir auch meine Prüfungsnoten wünschen könnte. Ich habe die ganze Realschulzeit immer kontinuierlich mitgelernt und hatte sehr gute Noten, und so kam ich auf die Idee, mir im Abschlusszeugnis einen Schnitt von

1,0 zu wünschen. Mittlerweile waren auch Ihre anderen beiden Bücher, »Wünsch es dir einfach – aber richtig« und »Wünsch es dir einfach – aber mit Leichtigkeit«, bei uns zu Hause, und ich nahm mir die Affirmationen, die Sie einer Leserin für ihre Abschlussprüfung vor der Ärztekammer empfohlen hatten, heraus und las sie mir immer wieder durch. Ich habe mich sehr auf die Prüfungen gefreut!

Als die erste Prüfung begann, war alle Nervosität (die gering ausfiel) verschwunden, und ich konnte vier Stunden lang mit voller Konzentration arbeiten. Ähnlich erging es mir bei den drei folgenden. Meine Familie hat während der Prüfungszeit ganz fest an mich gedacht und mich mit ihrer Wunschkraft unterstützt.

Nachdem die Prüfungen dann vorbei waren, hatte ich ein sehr gutes Gefühl und wartete voller Zuversicht auf meine Ergebnisse. Gestern wurden sie verkündet: Ich habe tatsächlich meine Mittlere Reife mit 1,0 abgeschlossen! Ich freue mich so sehr, denn es macht großen Spaß, erfolgreich zu wünschen, und ich bin während der Prüfungen einfach davon ausgegangen, dass ich mein gewünschtes Ziel erreiche. Jetzt bin ich überglücklich! Übrigens, meine Freundin wünschte sich ebenfalls ihre Prüfungsnoten, die sie auch präzise geliefert bekam.

Hiermit danke ich Ihnen sehr für Ihre tollen Bücher, die Sie sehr anschaulich mit den vielen Wunschgeschichten gestaltet haben. Keine Spur von Langeweile. Machen Sie weiter so und schreiben Sie noch ganz viele solcher schöner und hilfreicher Bücher!

Verena

PS: Die Meditations-CD ist spitze! Sie hat während der Prüfungszeit für einen guten Schlaf und starke Nerven gesorgt.

Welch ein Glück, dass wir unseren Kindern auch bei ihren Wünschen helfen können! Wenn wir unser Kind in seiner Wunschenergie bestärken und ihm zeigen, dass wir ebenfalls daran glauben, schenkt dies dem Kind einen gewaltigen Kraftschub und trägt es zu ungeahnten Erfolgen. In solchen Fällen geschieht meist ein sogenanntes Wunder, auch wenn es überhaupt keines ist. Durch den gemeinsamen Energieschub wird das gesamte individuelle Potenzial aktiviert und steht dem Kind nun uneingeschränkt zur Verfügung.

Sich gemeinsam mit seinen Kindern etwas zu wünschen ist ein sehr kraftvolles Instrument. Es motiviert, schenkt Selbstvertrauen und gibt genügend Selbstsicherheit, auch die »unmöglichsten« Dinge zu erreichen.

Das gilt übrigens nicht nur für das Kind, sondern auch für uns selbst. Was für ein Kind möglich ist, sollte doch auch für uns möglich sein.

## Damit ihr es nur wisst: Ich habe mir eine Schildkröte beim Universum gewünscht

Hallo Pierre,

heute möchte ich eine schnelle Wunscherfüllung mitteilen.

Meine Tochter (9) wünschte sich seit geraumer Zeit eine Schildkröte. Also bekam sie irgendwann eine aus Stoff. Sie liebt sie heiß und innig, träumt aber nach wie vor von einer richtigen. Sie wusste jedoch, dass wir ihr keine kaufen würden.
In letzter Zeit wurde sie immer aufmerksamer, wenn meine Frau und ich uns über das Wünschen unterhielten. Na ja, wir haben ihr dann das Ganze ein bisschen erklärt – sie wollte es so.
Vor drei Tagen verkündete sie nun: »Ich habe mir eine Schildkröte beim Universum gewünscht, damit ihr es nur wisst. Und ich sage es auch niemandem, nur euch beiden ..., weil ihr zählt ja nicht.«
Vorgestern dann große Aufregung! »Mama, im Nachbarsgarten ist eine Schildkröte!«
Mutter konnte aber erst eine halbe Stunde später kommen – doch da war keine Schildkröte mehr da. Meine Tochter hat nun so lange gedrängelt, bis Mutter mit Kind über die Mauer kletterten

und nach der Schildkröte suchten: auf allen vieren im hohen Gras. Dann ein Ausruf des Entzückens: Gefunden! Allerdings dann doch große Enttäuschung, denn was war es? Ein nasses kleines grünes Stofftier, umgestülpt und einer Schildkröte sehr ähnlich in den Augen eines Kindes.

Unsere Tochter blieb aber unbeirrt bei ihrem Glauben, dass der Wunsch bereits in Arbeit ist.

Gestern Abend nun trafen wir zufällig eine Frau vom anderen Ende des Dorfes. Smalltalk, wie immer. Man sieht sich nur alle drei Monate mal ... Beim Verabschieden sagt sie: »Hören Sie mal, Sie haben doch Tiere, wollen Sie nicht noch eine Schildkröte haben? Ich will und muss meine verschenken. Sie ist zahm und lieb, aber mein Mann hat Angst vor ihr.«

Könnt ihr euch die großen leuchtenden Augen meiner Tochter vorstellen? Es hat geklappt. Ihr erster Wunsch – drei Tage Lieferzeit. Sie fragte noch: »Geht das nun immer so schnell?«

Ich hoffe, wir bleiben bei der Größe der Wünsche und der Tiere. Auf jeden Fall können wir noch einiges von unseren Kindern lernen.

Guido

## Kann man sich mehrere Sachen gleichzeitig wünschen?

Nichts leichter als das. Genau genommen tun das viele von uns schon sehr erfolgreich. Sie wünschen sich ständig verschiedene Dinge: Karten fürs Kino, den besten Parkplatz, einen Partner, eine schöne Wohnung, einen neuen Geschirrspüler etc. All diese Wünsche funktionieren parallel genauso wunderbar wie alleine oder nacheinander. Warum auch nicht? Beim Wünschen trägt unsere Gedankenkraft unsere Energie nach außen, strebt nach Verwirklichung und bringt uns die Bestätigung unserer Gedanken. Der Energie ist es egal, wie viele andere Wünsche von uns noch umherschwirren. Nur sollten wir unbedingt darauf achten, dass sich die Wünsche gegenseitig nicht torpedieren oder einschränken. Deswegen ist es besonders bei mehreren gleichzeitigen Wünschen hilfreich, ein Wunschbüchlein anzulegen und alle seine Wünsche dort hineinzuschreiben. Nur so behält man einigermaßen die Übersicht, vor allem da uns morgen bestimmt neue interessante Wünsche einfallen werden.

Wer das Buch »Wünsch es dir einfach – aber mit Leichtigkeit« gelesen hat, erinnert sich sicherlich an Rosi, deren Leben sich durch die Erfüllung eines negativen Wunsches vollständig geändert hat. Zur Erinnerung: Rosi hatte sich den Bergrutsch gewünscht. Seitdem kennt sie die Kraft der Gedanken und entpuppt sich inzwischen als sehr erfolgreiche Wünscherin. Rosi zeigt, dass nichts unmöglich ist, wenn man seine ganze Gedankenkraft für seine Ziele einsetzt. Inzwischen sind ihre Ziele positiver Art – und mannigfaltig. Und wie man sehen kann, werden sie alle erfüllt.

### Rosi wünschte sich gleich alles: Job, Wohnung, Traummann

Lieber Pierre,

als ich von Frankreich nach Deutschland zurückkam, arbeitete ich erst mal als Servicekraft in einem Hotel und auch als Putzfrau. Allerdings war mein größter Wunsch, wieder in meinen alten Beruf beim Fernsehen/Rundfunk zu kommen.
Ich bewarb mich beim SWR in Baden-Baden. Hatte im Oktober nach einigen Fehlschlägen

einen Vorstellungstermin in der Wissenschafts-Redaktion. Als ich ins Foyer kam, atmete ich ganz tief durch und wünschte mir aus vollem Herzen, hier arbeiten zu können.

Drei Wochen später bekam ich – mit immerhin 48 Jahren – die Zusage. Seit Mitte November bin ich Redaktionsassistentin. Bin total glücklich und gehe voll in meinem Beruf auf.

Doch die Wünsche gingen weiter. Ich wünschte mir aus vollem Herzen eine schöne Wohnung ab Januar: zwei Zimmer, preiswert und ruhig.

Und gleichzeitig wünschte ich mir einen ganz tollen Mann, mit dem ich alt werden würde – die große Liebe halt. Diese Wünsche habe ich immer wieder ganz innig ins Universum geschickt.

Und ... sie wurden erfüllt.

Der erste Wunsch:

In unserem SWR-internen Intranet stand eine Wohnung: 2 ZKDB samt Garten für 335 Euro, warm. Eine Sensation für Baden-Baden! Ich telefonierte mit dem Vermieter, der die Wohnung aber schon ab Oktober vermieten wollte. Ich dankte ihm und sagte, dass es für mich nicht infrage käme, da ich erst ab Januar eine Wohnung suchte. Er meinte, ich solle sie mir trotzdem anschauen und wenn die Chemie stimme, dann lasse er sie einfach drei Monate leer stehen.

Unglaublich, aber wahr: Ich guckte mir die Wohnung an, verliebte mich sofort in sie, und der Vermieter sicherte mir zu, wenn ich wolle, könne ich sie ab Januar haben; ich müsse auch vorher keine Miete zahlen.

Am 4. Oktober unterschrieb ich den Mietvertrag.

Unglaublich, aber wahr: Der zweite Wunsch wurde am nächsten Tag erfüllt, denn einen Tag später stand fest, dass ich mit meinem Traummann Bernd zusammen bin, den ich vier Wochen zuvor übers Internet kennengelernt hatte.

Ich bin so glücklich, dass ich meine, es zerreißt mich! Unsere Liebe ist so tief, dass es wie Kugelblitze eingeschlagen hat. Wir sind absolute Seelenverwandte; es stimmt auf der ganzen Linie. Es ist die ganz große Liebe! Spätestens Ende nächsten Jahres wollen wir heiraten.

Rosi

Man kann seinen Wunsch natürlich auch auf einen längeren Zeitraum ausdehnen. Dann muss man nicht immer von Neuem wünschen. Man kann sogenannte Daueraufträge machen, damit man beständig im Fluss von Geld ist oder rundum gesund bleibt.

Nadine wünschte sich zum Beispiel einen ständigen Zustrom von Büchern. Ein Wunsch mit langfristigen Folgen!

### *Wie sich Nadine Bücher ohne Ende wünschte*

Lieber Pierre,

gewiss ist es nicht einfach, mein Leben nach dem Umzug und der Trennung von meinem Mann in den Griff zu bekommen. Ich entdecke alte und neue Hobbys wieder: Musik, mein Lebenselixier, und die Bücher, meine besten Freunde.

Vier Monate nach dem Umzug stelle ich fest: Ich habe ein kleines Vermögen für Bücher und CDs ausgegeben. Dies möchte ich ändern und wünsche mir für die Zukunft: Bücher, ohne zu bezahlen!

Kurz vor meinem Geburtstag bummele ich einfach so durch die Stadt. Ich sehe in einer Geschenkboutique ein Mobile, das gut in die neue Wohnung passt, freue mich darüber, verschiebe den Einkauf auf nächsten Monat, denn es ist mir etwas zu teuer.

Beinahe habe ich auch den interessanten Ostsee-Reiseführer gekauft. Schweren Herzens lege ich das Buch ins Regal zurück – ich will ja in Zukunft sparsamer sein. Dass dies gesendete Wünsche ans Universum sind, fällt mir am Geburtstag wieder ein.

Sie können sich gar nicht vorstellen, wie verblüfft ich bin, als ich meine Geburtstagsgeschenke auspacke. Exakt! Ein Mobile und ein Reiseführer von der Ostsee – obwohl ich mit niemandem darüber gesprochen habe.

Vierzehn Tage später bekomme ich Besuch. Voller Freude nehme ich drei Bücher in Empfang, eins trifft sogar per Post ein. Weitere zwei Wochen später drückt mir Silvia fünf tolle Bücher in die Hand – geliehen, wohlbemerkt; ich kann sie lesen und zurückgeben. Es funktioniert!

Ein Wunsch mit langfristigen Folgen! Jetzt, eineinhalb Jahre später, lerne ich Sandra kennen,

eine Seelenverwandte. Gleich beim ersten Besuch bietet sie mir ihren gesamten Bücherschrank an: »Hier ist alles drin, was du brauchst. Greif zu!«
Ehrwürdig lese ich die Bücher, ohne zu bezahlen, und gebe sie (mit einem Dank ans Universum) wieder zurück.
Ein scheinbar kleiner Wunsch, der mein Leben so positiv beeinflusst.

Nadine

# Wir müssen uns nicht immer die ganz großen Dinge wünschen

Oft sind es gerade die kleinen Wünsche, die unser tägliches Leben und unser Urvertrauen so nachhaltig beeinflussen. Gerade die kleinen, unscheinbaren alltäglichen Wunder sind manchmal viel wichtiger und bedeutender für uns als die großen Wünsche.

Es lebt sich wesentlich angenehmer und entspannter, wenn man Tag für Tag der eigenen Wunschkraft vertrauen kann und sie in seinen Alltag integriert, als wenn man sich alle paar Jahre Hilfe suchend und in höchster Not wieder einmal – inmitten der selbst erschaffenen Krise – des Wünschens besinnt und ganz schnell, sozusagen in letzter Sekunde, durch die eigene Gedankenkraft das Ruder herumzureißen versucht.

Mehr noch: Es lebt sich nicht nur angenehmer und harmonischer – das Leben erhält auch eine gewisse Leichtigkeit. Ist es nicht das, was wir uns letztendlich alle wünschen: ein Leben in Harmonie und Leichtigkeit zu führen? Daher sind all die kleinen alltäglichen Wunder so wesentlich, weil sie uns helfen, immer größeres Vertrauen in unsere eigene Gedankenkraft zu entwickeln.

Im Übrigen sind es oftmals gerade die kleinen Dinge, welche die großen Glücksgefühle in uns auslösen können. Wir sollten also die kleinen Wünsche nie als weniger wertvoll betrachten, sondern als einen wesentlichen Weg zu unserem täglichen Glück.

Von solchen Glücksgefühlen erzählen nun die folgenden Geschichten.

## *Nadja wünschte sich Badeartikel, ohne Geld auszugeben*

Lieber Pierre,

im vorweihnachtlichen Einkaufsgetümmel war ich mit meinem Mann in einem großen Center, um die letzten Kleinigkeiten zu besorgen. Außerdem suchten wir in verschiedenen Geschäften ein Duschgel und einen Deoroller meines Dufts, doch die Preise übertrafen mit je 20 Euro weit meine Vorstellungen.

Auf dem Weg zur Parfümerie wünschte ich mir, dass ich diese Artikel an diesem Tag bekomme, ohne mein Geld ausgeben zu müssen.

Was erblickten da meine Augen auf dem Boden? Einen herrenlosen 20-Euro-Schein! Vor mir mindestens 40 bis 50 Menschen. Keiner hob die Banknote auf. Ich nahm sie und steckte sie in meinen Geldbeutel. Zu meinem Mann sagte ich: »Wow, so liegt das Geld auf der Straße!«

Ein paar Meter weiter lag ein 10-Euro-Schein, über den genauso viele Leute gelaufen sind. Auch ihn hob ich auf. Dachte noch: Da fehlen ja jetzt noch 10 Euro ... Doch bis zum Ziel lag kein Geld mehr auf dem Boden.

Ich fand mich ja schon unverschämt, so zu denken, doch ich war überzeugt, dass sich auch dieses Geld bei mir einfinden würde.

Nun betrat ich den Laden, suchte den Deoroller und wollte mich zur Kasse wenden, da mir ja das Restgeld für das Duschgel noch fehlte. In dem Moment sprach mich eine Verkäuferin an und wies mich darauf hin, dass das Duschgel für alle Kunden, die dieses Produkt kaufen, nur 9,95 Euro kostet.

Von diesem Moment an hatte sich ein fettes Grinsen in mein Gesicht eingebrannt und mein Mann schüttelte nur mit dem Kopf.

Nadja

Gibt es etwas Schöneres, als dem eigenen »realistischen« Ehemann zu zeigen, wie wundervoll erfolgreiches Wünschen sein kann? Und wenn er dann sagt: »Du bist die Beste«, weil Wünschen eben doch funktioniert, ist die Welt einfach nur noch in Ordnung.

## Ein Piano im Internet

Lieber Pierre,

es begann damit, dass wir beschlossen, unser Klavier zu verkaufen. Meine Tochter hatte keine Zeit mehr, darauf zu spielen, und so stand es unbenutzt da und wurde zu einem Staubfänger.

Mein Mann kontaktierte das Musikhaus, bei dem wir damals das Klavier gekauft hatten, und bat um eine Offerte. Kurze Zeit später rief uns das Musikhaus zurück. Als ich den Preis hörte, war ich entsetzt und konnte es nicht fassen, dass wir für ein gerade mal dreijähriges Klavier, das über 10 000 Franken gekostet hatte, nicht mal die Hälfte erhalten sollten. Ich sagte meinem Mann, dass ich damit nicht einverstanden sei und es im Internet ausschreiben würde. Mein Mann lachte nur und meinte, ich sei unrealistisch; er werde den Deal mit dem Musikhaus machen.

Ich dachte mir: Na warte, dir werde ich es beweisen und mehr für dieses Klavier herausholen! Gesagt, getan, ich formulierte schriftlich eine Bestellung ans Universum und stellte das Klavier ins Internet. Die Auktion lief drei Tage lang. Meinem Mann erzählte ich nichts von meiner Bestellung. In der Zwischenzeit versuchte er, mit dem Musikhaus einen besseren Preis auszuhandeln. Meine Auktion im Internet lief, aber es geschah nichts. Irgendwie schien ich bei der Formulierung etwas falsch gemacht zu haben, oder meine Zweifel waren stärker. Die Auktion ging ohne Erfolg zu Ende, es war nicht mal ein Beobachter da. Meine Enttäuschung war groß.

In der Zwischenzeit hatte mein Mann mit dem Musikhaus einen Abholtermin vereinbart, sodass mir keine Woche Zeit blieb, um nochmals alles daran zu setzen, das Klavier zu einem besseren Preis zu verkaufen.
Mein Mann musste für zehn Tage ins Ausland. In der Nacht von Sonntag auf Montag entschied ich mich, das Klavier nochmals ins Internet zu stellen, aber diesmal nur für einen Tag. Dann schrieb

ich folgende Bestellung: »Liebes Universum, ich wünsche mir, dass unser Klavier um den für mich passenden Preis ersteigert wird und dass der neue Besitzer es noch diese Woche abholt und bar bezahlt. Und das Ganze bitte Express – danke!«

Den ganzen Tag habe ich immer wieder gesagt: »Dieses Mal klappt es, ich bin davon überzeugt.«

Kurz vor Auktionsende ging ich nachschauen – und was ich sah, machte mich ganz kribbelig: Ich hatte einen Beobachter!

Und aus diesem Beobachter wurde schlussendlich ein Käufer ... Ich machte Luftsprünge, denn ich verkaufte das Klavier nicht nur zu einem besseren Preis – nein, es wurde auch noch in der von mir gewünschten Zeit abgeholt und bezahlt.

Ich rief meinen Mann an und teilte ihm die freudige Nachricht mit. Er konnte es nicht fassen und sagte nur: »Du bist einfach die Beste.«

Marina

Auch wenn andere sagen: »Das können Sie vergessen«, sollten wir uns nicht verunsichern lassen. Was andere nämlich nicht wissen: Wir können uns schlichtweg alles wünschen – was immer es sei.

Das sagte sich auch Evi, die sich in ihrem Glauben nicht erschüttern ließ.

### Eine Badewanne für 50 Franken

Lieber Pierre Franckh,

im Sommer 2005 lag ich im Garten und wünschte mir eine Badewanne, in der ich mich abkühlen könnte. Ich bade für mein Leben gern. Ich brauche keinen Swimmingpool – nein, ich wünschte mir eine antike Badewanne. Vor meinem inneren Auge sah ich sie. Da ich aber knapp bei Kasse war, sollte sie nicht teuer sein. Ich dachte und wünschte sie mir für 50 Franken. Ich erzählte meiner Schachpartnerin davon, und sie sagte: »Vor dem Umbau hatte ich so eine. Telefonier doch der Baubörse in Aarau; die haben meine Badewanne vielleicht noch.«

So rief ich dort an und bekam die Antwort: »Ja, wir haben drei restaurierte für je 1200 Franken,

und drei, die nicht restauriert sind, ab 550 Franken.«
Ich erkundigte mich: »Haben Sie auch eine für fünfzig Franken?«
Der Mann lachte mich durchs Telefon aus: »Das können Sie vergessen! So billig kommen Sie zu keiner.«

Ich setzte für 25 Franken ein Inserat in die Zeitung: »Suche gut erhaltene Badewanne mit vier Füssen.« Darauf erhielt ich fünf Anrufe.
Einer davon war genial: Ein Bauer telefonierte mit mir und sagte, er habe zwei Badewannen; ich müsse aber beide nehmen. Als ich nach dem Preis fragte, staunte ich nicht schlecht: Er brauche dafür 50 Franken.

Ein neues Problem kam auf mich zu: Was mache ich mit der zweiten? Liebes Universum, bitte löse mir das Problem!

Einer Arbeitskollegin erzählte ich davon. Sie nahm mir eine ab, weil sie seit fünf Jahren auf der Suche nach einer solchen Badewanne war. Sie bekam die Wanne gratis, war aber für den Transport zuständig. In ihrem Pferdetransporter hatten beide Wannen Platz.

Drei, vier Monate später rief mich der Mann von der Baubörse an und fragte, ob ich nun eine Wanne für 50 Franken erhalten hätte. Sie können sich vorstellen, wie der gestaunt hat, als ich ihm davon erzählte.

Evi

Franziska hat einen »Sechser im Lotto« der ganz eigenen Art erlebt. Die folgende Geschichte ist vielleicht deswegen so wundervoll, weil sie so klein und doch so groß ist.

Denn manchmal sind es gerade die kleinen, unscheinbaren Dinge, die unser Leben vollständig umdrehen können und unseren Glauben an das Wünschen für lange Zeit manifestieren.

## Das achtblättrige Kleeblatt

Lieber Pierre,

manchmal gelingt mir das Wünschen wirklich super. Als ich neulich mit meinen Hunden unterwegs war, fiel mir auf, dass der Klee in voller Blüte steht. Ich dachte für mich: Irgendwann finde ich auch einmal einen vierblättrigen. Ich bin 31 Jahre alt und hatte noch nie einen gefunden.

Am nächsten Tag bin ich wieder mit den Hunden los. Als ich so dastand und meine Hunde am Pinkeln waren, sah ich wieder auf den Klee und dachte: Also, wenn es da ein vierblättriges Kleeblatt hat, dann sehe ich es sicher.

Und tatsächlich, schon fiel mein Blick auf ein vierblättriges Kleeblatt! Freudig ging ich nach Hause. Natürlich kam wie so oft der Gedanke in mir hoch: Das war wohl nur Zufall ... Daher beschloss ich, es nun wirklich zu testen. Ich sagte zu mir: »Ich finde noch mehr vierblättrige Kleeblätter! Ich habe den *Vierblättriges-Kleeblatt-Blick*.«

Zuerst fiel es mir ein bisschen schwer und ich wurde fast zu verbissen. Doch nur für einen Tag. An diesem Tag fand ich auch keines. Aber am nächsten konnte ich es völlig locker nehmen. Schließlich war ich sicher, dass es ganz viele vierblättrige Kleeblätter gibt. Und ich war mir ebenfalls sicher, dass mein Blick ganz bestimmt dorthin fallen würde, ohne große Anstrengung.

Tja, und vor einer halben Stunde, als ich wieder mit den Hunden unterwegs war, war ich völlig platt: Ich habe ein *achtblättriges* Kleeblatt gefunden! Ich musste mich etwa zehnmal davon überzeugen, dass es wirklich ein Kleeblatt ist. Aber es ist tatsächlich eines!
Auch wenn es nur um ein Kleeblatt geht, hat es mir doch gezeigt, dass mehr möglich ist, als man denken würde.

Franziska

Nachtrag: Im Internet habe ich inzwischen gelesen, dass ein achtblättriges Kleeblatt so selten ist wie ein Sechser im Lotto!

In den folgenden Tagen habe ich noch drei vierblättrige und ein fünfblättriges gefunden, was ebenfalls äußerst selten sein soll und viel Glück bringe.

Steffi liebt das Tanzen. Allerdings fehlte es ihr an genügend Selbstvertrauen. Und an einem geeigneten Tanzpartner. Da liegt es doch nahe, sich beides zu wünschen.

## *Der Wunsch nach dem idealen Tanzpartner*

Lieber Pierre,

im Seminar bei Dir hatte ich mir vor allem gewünscht, die Lösung für mein größtes Problem zu finden. Und ... die Lösung wurde prompt geliefert.

Der größte Wunsch ging nun in Erfüllung. Und das ist Tanzen. Jetzt bin ich seit vier Wochen beim Rock 'n' Roll und ich strahle jedes Mal wie ein Honigkuchenpferd. Beim Rock 'n' Roll war früher immer die Hürde gewesen, dass ich keinen Tanzpartner hatte. Aber nach Deinem Seminar habe ich mir einfach einen gewünscht. Er sollte lustig sein und gut tanzen können. Ja, das Ende vom Lied ist, dass ich den besten Partner bekommen habe, den ich kriegen konnte: den Trainer. Er kann mit seiner Partnerin nicht tanzen, weil sie was am Fuß hat. Zuvor hatte er über ein Jahr nicht mehr getanzt. Gestern fragte er mich, ob wir nicht noch mehr trainieren wollen. Er habe durch mich wieder so viel Spaß an der Sache gefunden. Hinzu kommt, dass meine Trainer von meinem »Können« total begeistert sind; sie meinen, es sähe so aus, als ob ich schon seit Jahren tanzte.

Dass ich mich selbst gefunden habe, liegt aber auch an einem zweiten Wunsch: Ich hatte mir gewünscht, selbstbewusst zu sein. Eigentlich meinte ich damit, selbstsicher zu sein. Durch meinen Wunsch, selbstbewusst zu sein – was ja nichts anderes ausdrückt, als seiner selbst bewusst zu sein –, bin ich also auch auf mich gestoßen.
Mein größtes Problem war bis dahin, dass ich nicht ich selbst war, weil ich es verlernt hatte. Ich habe nicht bemerkt, dass ich nicht mein eigenes Leben, sondern ein Leben der anderen führe. Ich habe mich immer nach anderen gerichtet, auch deshalb, weil mir die Meinung anderer so wichtig ist.
Jetzt habe ich den Wunsch umformuliert und wünsche mir zusätzlich Selbstsicherheit. Und das läuft wirklich super.

Steffi

Wir hatten schon zu Beginn des Buches gehört, dass man durch Wünschen sogar das Wetter beeinflussen kann. Die Wissenschaft weiß längst von solchen Phänomenen. Wir wissen es auch.
Als weiteres Beispiel noch so eine wundervolle Wunscherfüllung, von denen es inzwischen unzählige gibt.

## Sonnenstrahlen der Begeisterung

Lieber Pierre,

kann man durch Wünschen auch das Wetter beeinflussen? Meine Antwort darauf ist ein klares Ja! Bei mir klappt das ausnahmslos. Sobald das Wetter eine wirklich wichtige Rolle spielt und ich mir das passende Wetter wünsche, trifft es ein – auch wenn es laut Wetterbericht alles andere als positiv aussieht.

Mein Geburtstag ist für mich immer der wichtigste Tag im Jahr. Ich habe absolut kein Problem damit, älter zu werden – solange mich noch alle jünger schätzen (kicher!).
Ich habe im November Geburtstag, also eigentlich kein typischer Monat, um draußen zu feiern.

Aber ich hatte mir im letzten Jahr etwas Besonderes ausgedacht: Alle Freunde und Bekannte bekamen von mir eine Einladung, auf dem Merkur (das ist ein Berg in Baden-Baden) in meinen Geburtstag »hineinzufeiern«. Geplant war, um 21 Uhr mit der Bergbahn hinaufzufahren und auf dem Merkur zu feiern – mit beim Bäcker bestellten belegten Baguettes, Kuchen, Wein, Kaffee, Tee und Glühwein sowie mit den Sachen, die wir im Freien grillen wollten. Erst dachte ich, die Geladenen halten mich für durchgeknallt – aber weit gefehlt: Alle sagten zu.

Nun, der Tag der Feier kam näher, und die Wettervorhersagen wurden immer schlechter. Der Tag kam und es regnete ... Stündlich schaute ich auch im Internet die Bilder der Webcam auf dem Merkur an. Es kamen besorgte Anrufe und SMS von den Eingeladenen, ob ich mir sicher sei, dass wir auf dem Merkur feiern. Meine Freunde und Bekannten kennen mich. Ich bin nun mal etwas verrückt, und so wunderten sie sich nicht, dass der Plan A weiterhin Gültigkeit hatte.

So trafen sich fast alle bei uns zu Hause – meist in Skisachen – und dann ging es zum Parkplatz der Bergbahn. Noch waren die Gefühle aller Beteiligten gemischt – außer meine, denn ich hatte mir eine für mich perfekte Geburtstagsfeier gewünscht.

Wir alle kamen gut gelaunt auf dem Merkur an (so eine Fahrt abends ganz alleine in einer Bergbahn bringt richtig Spaß!) – und niemand traute seinen Augen, selbst ich nicht: Die Webcam hatten den ganzen Tag über grau gezeigt; man hatte null Sicht ins Tal. Doch als wir auf dem Merkur ankamen, war sternenklarer Nachthimmel, eine traumhafte Sicht auf die beleuchtete Stadt und es lag Schnee!
Wir hatten soooo viel Spaß! Die mitgebrachten Speisen und Getränke mundeten allen, und Grillen im Winter ist megawitzig. Einige, inklusive mir, bestiegen noch den Turm auf dem Merkur und genossen die herrliche Aussicht und die ausgelassene Stimmung. Ich war selig und glücklich, denn es wurde wirklich eine für mich wundervolle und zauberhafte Geburtstagsfeier; schöner hätte es nicht sein können.

Bei der Nachtwanderung vom Merkur zum Parkplatz (die Bahn fährt nur bis 22 Uhr) veranstalteten wir ein kleines Feuerwerk und auf dem Parkplatz erhielt ich eine wahre Geschenkeflut.

Zu Hause gab es dann noch einen Umtrunk, bevor alle, die nicht bei uns schliefen, in den frühen Morgenstunden wieder nach Hause fuhren. Und ich sagte nur: »Danke, Universum!«

Und nun behaupte noch jemand, man kann das Wetter nicht beeinflussen. Sonnenstrahlen der Begeisterung!

Inès

# Mit humorvollen Grüßen
## vom Universum

Wenn man besonders viel und oft wünscht, geht bei der Wunscherfüllung auch mal etwas schief. Meist liegt das an der Formulierung. Aber leider entdeckt man das erst hinterher.

Hier ein paar belustigende Beispiele, wie exakt Wünsche eintreffen und wie genau man beim Formulieren aufpassen sollte.

Viel Freude beim Lesen. Wenn Wünsche schiefgehen ...

### *Der Öko-Rasenmäher*

Lieber Pierre,

ich lebe in einem wunderschönen Haus inmitten Mutter Natur, das heißt 5000 Quadratmeter »Wiese«, die mir oft über den Kopf wächst – im wahrsten Sinne! Nun habe ich mir letztes Jahr einen Öko-Rasenmäher bestellt, der von alleine läuft.

Und was meint ihr, was ich bekommen habe? Eine alte, große Ziege, die eigentlich geschlachtet werden sollte, aber zu alt war! Im Nachhinein habe ich mich gebogen vor Lachen, aber sie hält mein Grundstück sauber und frisst die Wiese kurz. Ist das nicht lustig?

Angelika

### Menü bei Toni

Lieber Pierre,

hab gerade ein wunderbar erheiterndes Wunsch-
erlebnis zum Thema »Genaues Formulieren« gehabt:

Ich hatte mir gewünscht, bei meinem neuen
Schatz (Toni) noch diese Woche zum Essen eingeladen zu werden. Hatte den Wunsch aufgeschrieben und habe ihn soeben noch mal gelesen. Originalzitat: »Noch diese Woche bei Toni
zum Essen eingeladen!«
Da hab ich dermaßen lachen müssen ... Also,
mein Freund hat mich nicht eingeladen, aber gestern rief mich eine Freundin an: Sie möchte mich
für Sonntag zu unserem Lieblingsitaliener einla-
den. Er heißt Toni!
Ohne Worte ... Muss immer noch lachen.

Heidi

## »Sparstrumpf« in guten Händen

Lieber Pierre,

nachdem ich beim Wünschen schon recht fort-
geschritten bin (mit Parkplätzen, Autos und klei-
neren Geldbeträgen funktioniert es zu 98 Pro-
zent), wollte ich mal etwas Größeres wagen: Ein
Geldbetrag von 20 000 oder 30 000 Euro sollte es sein. Altes, kaputtes Haus; es gibt viel zu
tun ...

Ich konzentrierte mich aufs Äußerste, formulierte
ganz genau. Ich wünschte mir sogar, dass durch
meinen Wunsch niemand zu Schaden käme
(etwa Lebensversicherung, Erbschaft etc.), und
hielt mich in dem Moment für besonders schlau.
Ich schickte den Wunsch mit all meiner Energie
ins Universum und ließ ihn dann gedanklich los.
Ich freute mich schon.

Nur einen Tag später rief eine meiner Freundin-
nen an. Sie war total aufgelöst: ihre Ehe – ein
Scheiterhaufen. In ihrer Not leerte sie sofort das
gemeinsame Bankkonto, traute ihrem Ehemann
in diesem Moment wohl alles zu und kam mit
20 000 Euro zu mir. Ich sollte das Geld aufbe-

wahren, bis sich die Wogen wieder geglättet hätten und sie wüsste, wie es weitergeht.

Da hatte ich das schöne, gewünschte Geld! Danke, liebes Universum ... – aber an der Formulierung muss ich noch arbeiten.

Lisa

Und hier zum Abschluss ein eigentlich ganz gut gelungener Wunsch – allerdings mit einem klitzekleinen Haken.


## *Der Traumjob – zuzüglich Erotik*

Lieber Pierre,

Dein Buch »Wünsch es dir einfach – aber richtig« kam gerade zur richtigen Zeit, da wir momentan bei einer Wunscherfüllung ein paar kleine Pannen hatten. Aber dank des Buches bin ich nun wieder voll motiviert und überzeugt, dass wir unseren Wunsch nun richtig erfüllen werden. Mittlerweile hab ich es schon dreimal »verschlungen«.

Bisher hat beim Wünschen alles klasse geklappt. Um nur einige Beispiele zu nennen: Ich habe meinen absoluten Traummann gefunden; wir hatten – wie gewünscht – letztes Jahr die allerbeste und schönste Hochzeit; auf wundersame Weise bekommen wir in meiner Heimat Österreich an meinem Lieblingssee eine traumhafte Ferienwohnung; und die bisher wertvollste Sache: Eine unerklärliche (laut Ärzten: hochgefährliche) Bluterkrankung konnte ich dank Gedankenkraft einfach wegwünschen und mich so wieder völlig gesund machen!

Nun auch noch eine kurze Geschichte zu unserem momentanen Wunsch. Wir wünschen uns die großen Sachen übrigens auch immer gemeinsam:

Mein Mann und ich haben Anfang Juni zugleich die Jobs verloren. Da wir beide eine großzügige (natürlich gewünschte!) Abfindung bekommen haben, steht uns finanziell zum Glück noch nicht das Wasser bis zum Hals. Ich habe beschlossen, mir ein Jahr Auszeit zu nehmen, in mich zu horchen und eventuell etwas ganz anderes zu machen. Bisher war ich als Productmanager bei einem sehr bekannten Unternehmen beschäftigt; ich würde aber viel lieber im sozialen Bereich arbeiten und Menschen helfen, was auch mein Mann voll und ganz unterstützen würde.

Klaus hingegen ist fleißig auf Jobsuche und überzeugt, dass der richtige Job bald kommt. Allerdings quält ihn schon die Unruhe und er möchte endlich wieder arbeiten. Seine Jobs werden selten ausgeschrieben, von daher muss er warten und bereit sein, bis ein Headhunter und »der« Job ihn finden. Da er manchmal ziemlich ungeduldig ist und Freunde oder Familie zuweilen Zweifel und blöde Sprüche wie »Das ist halt nicht so leicht«, »Solche Jobs liegen nicht auf der Straße«, »Hoffentlich bekommst du bald was«, »Doris, warum suchst du dir nicht was, damit ihr wenigstens ein Einkommen habt« einwerfen, wird unser Durchhaltevermögen, am Gewünschten festzuhalten, ganz schön herausgefordert.

Jedenfalls haben wir im Juni folgenden Wunsch gemeinsam aufgeschrieben:
»Ich habe zum 1.10. dieses Jahres meinen Traumjob mit bester Bezahlung in ... [Nennung der Städte] oder Umgebung. Er ist bereits jetzt für mich bestimmt! Ich bekomme ihn, und zwar spätestens zum 1.10. dieses Jahres.«

Nun ja, es hat leider nicht so ganz geklappt ... Bitte ruhig über unser Missgeschick lachen – ich weiß, wir sind ja selbst schuld. Mein Mann hätte nämlich Anfang Oktober einen »Traum«-Job bekommen: eine Vorstandsposition mit Wahnsinnsbezahlung, allerdings nicht in der Nahrungsmittelbranche, von der er kommt und in die er wieder zurückmöchte, sondern in der »Lifestyle«-Branche: Ein sehr namhafter Erotik-Versandhandel wollte ihn gerne als Vorstandsvorsitzenden haben – noch dazu in seiner Lieblingsstadt! Wie gesagt, an sich wäre der Job für viele der »Traum«, nur für meinen Mann einfach nicht passend, zumal die Position sehr risikoreich wäre und er nach diesem Job nur mehr schwer in die Nahrungsmittelbranche zurückkönnte. Wie Du in Deinem Buch sagst: Man bekommt alles und auch immer noch ein bisschen was dazu (grins). Das Tüpfelchen aufs »i« war wohl die Erotik ...

Es ist mir einfach ein Bedürfnis, ein ganz großes Danke auszusprechen. Deine Bücher haben unser Leben stark positiv beeinflusst!

Doris

## Ich freue mich über jede neue
## Wunschgeschichte von euch

Das waren sie also, die heiteren, berührenden, wundervollen und manchmal auch erstaunlichen Wunschgeschichten, die mir von Leserinnen und Lesern zugeschickt wurden. Einige Namen wurden auf Wunsch geändert, sind aber mir und dem Verlag bekannt.

Leider konnten wir in dieses Buch nicht alle wundervollen Geschichten, die ich von euch geschickt bekommen habe, hineinpacken. Dafür wären mehrere Bände erforderlich. Also seid nicht traurig, wenn das eine oder andere Erlebnis von euch noch nicht vertreten ist. Die Betonung liegt auf »noch nicht«, denn dieses Buch ist erst der Anfang einer kleinen Reihe. Ein wunderschöner Anfang, wie ich finde. Und ich danke euch von ganzem Herzen dafür.
Wenn wir es uns alle gemeinsam wünschen, werden also noch viele Wunschgeschichten für die Seele folgen. Möglicherweise ist dann auch deine Geschichte mit dabei.

Und falls du jetzt Lust bekommen hast, mir ebenfalls eine Erfolgsgeschichte mitzuteilen, kannst du sie gerne an folgende Mailanschrift schicken:

info@pierrefranckh.de

Erscheint eine Geschichte von dir in einem der nächsten Bücher, erhältst du zwei gesonderte Exemplare vom Verlag, mit einer ganz persönlichen Widmung von mir.
Ich freue mich jedenfalls über jeden Erfolg, den du mir mitteilst.

Und bitte denke daran, dass alles, was hier gesagt und geschrieben wurde, auch dir zur Verfügung steht. All das kannst du ebenfalls. Die Kraft des Wünschens steckt auch in dir.
Hoffentlich haben dich die Geschichten genügend motiviert, all die scheinbar unerfüllbaren Wünsche und »Sehnsüchte« in deinem Leben eintreffen zu lassen. Es ist immer nur deine Entscheidung.
Fang doch einfach mal an. Heute wäre ein guter Tag.

Liebe Freunde, ich danke euch für euer wundervolles Vertrauen, das ihr mir mit euren Mails und Briefen entgegenbringt, und hoffe, dem auch weiterhin gerecht zu werden.

Ein wahres Geschenk beschenkt immer beide. Herzlichen Dank dafür.

Mehr Informationen über mich und die aktuellen Aktivitäten findest du auf meiner Homepage. Wer meinen 14-tägigen (kostenlosen!) Newsletter beziehen möchte, kann sich gerne auf meiner Homepage eintragen oder mir eine kurze Mail schicken.

www.pierrefranckh.de

Dort gibt es auch ein sehr umfangreiches Forum, in dem sich Gleichgesinnte austauschen können. Viel Spaß dabei.

*Pierre Franckh gibt auch*
*Wochenendseminare*

- Wie lernt man wünschen?
- Wie wünsche ich richtig?
- Wie verleihe ich meinen Wünschen Kraft?
- Wie erkenne ich meine unbewussten Wünsche?
- Was torpediert meine bewussten Wünsche und was kann ich daran ändern?
- Wie wird man seine Zweifel los?
- Wie spüre ich all meine Glaubensmuster auf?
- Wie räume ich mir den inneren Weg frei, um meine Wünsche auch zuzulassen?
- Wie schaffe ich es, meine Wünsche zu verwirklichen?
- Wie kann ich mein Leben so gestalten, dass es für mich wundervoll wird?
- Wie schaffe ich es, in meinem Leben glücklich zu sein?
- Wie verwirkliche ich meine Ziele in Beruf und Partnerschaft?

Das Eingehen auf persönliche Fragen und Anliegen während des Seminars gibt einen tieferen Einblick in die eigenen Verhaltensweisen des bisherigen Wünschens und zeigt Möglichkeiten auf, wie man aus dem Kreislauf der einengenden Muster aussteigen und neue Lebensqualität gewinnen kann.

Wenn wir einmal die Kraft des Wünschens und damit die persönliche Macht gespürt haben, Dinge in unserem Leben nach unserem Willen zu verändern, erhalten wir nicht nur unser Selbstwertgefühl zurück, sondern auch das Gefühl, eine ausgeglichene Person zu sein. Beginnen wir, unsere Wünsche und Ziele erfolgreich umzusetzen, dann fühlen wir uns glücklich. Wir fühlen uns als aktiver Teil der Welt, die wir nach unseren Wünschen gestalten. Wir gehen heraus aus der ohnmächtigen Abhängigkeit von anderen und hinein in die eigenständige Unabhängigkeit.

Erfolgreiches Wünschen verändert unsere ganze Welt: unser Erleben, unsere Betrachtungsweise, unsere Wahrnehmung, unsere Partnerschaft und die Liebe zu uns selbst.

Sobald man einmal das Prinzip des erfolgreichen Wünschens nicht nur verstanden hat, sondern auch tatsächlich erfahren hat, *wie* und *dass* es funktioniert, wird sich das ganze Lebensgefüge ändern.

Wunder geschehen jeden Tag. Warum nicht auch bei dir?

Alle Termine findest du auf der Homepage von Pierre Franckh: www.pierrefranckh.de